NIÑOS ORDINARIOS realizando
COSAS EXTRAORDINARIAS
¡a través del PODER de LA PALABRA DE DIOS!

LIBRO DE LECCIONES

VOLUMEN 2
LECCIONES 1-13

A menos que se indique lo contrario, las citas bíblicas fueron tomadas de la versión *Reina Valera 1960*.

Las citas marcadas con las siglas *NTV* fueron tomadas de la *Nueva Traducción Viviente*.

Las citas marcadas con las siglas *MSG* son traducciones libres de *The Message Bible*.

Las citas marcadas con las siglas *NVI* fueron tomadas de la *Nueva Versión Internacional*.

Las citas marcadas con las siglas *AMP* son traducciones libres de *The Amplified Bible*.

ISBN 978-1-60463-110-4

Libro de lecciones de la Academia de Superniños, volumen 2, lecciones 1-13
Superkid Academy Lesson Book Volume 2 Lessons 1-13

Traducido y editado por KCM Guatemala

© 2010 *Eagle Mountain International Church Inc.*, también conocida como Ministerios Kenneth Copeland.
© 2011 *Eagle Mountain International Church Inc.*, también conocida como Ministerios Kenneth Copeland. Traducción autorizada de la edición en inglés.

Kenneth Copeland Publications
Fort Worth, TX 76192-0001

Para obtener más información acerca de los Ministerios Kenneth Copeland, llame al 800–600–7395 o visítenos en nuestra página web www.kcm.org.

Consultores creativos y desarrollo de producto por: www.vaughnstreet.com

Diseño de interior y portada por: www.eastcomultimedia.com

Gerente de diseño: Jon La Porta
Diseñadores: Heather Huether & Justin Seefeldt

ÍNDICE

RECONOCIMIENTOS iv
UNA GUÍA SENCILLA v
EXENCIÓN DE RESPONSABILIDAD DE SALUD Y SEGURIDAD vi
LECCIÓN 1: PRUEBEN Y VEAN 1
LECCIÓN 2: AMOR: DIOS ES AMOR 11
LECCIÓN 3: UN AMOR IMPARABLE 19
LECCIÓN 4: GOZO 29
LECCIÓN 5: PAZ 37
LECCIÓN 6: PACIENCIA 45
LECCIÓN 7: BENIGNIDAD 53
LECCIÓN 8: BONDAD 63
LECCIÓN 9: FE 71
LECCIÓN 10: MANSEDUMBRE 79
LECCIÓN 11: DOMINIO PROPIO 87
LECCIÓN 12: ¡VÍSTANSE! 97
LECCIÓN 13: SANTA CENA 105

AGRADECIMIENTOS

Me siento muy emocionada porque la Academia de Superniños se establecerá en el corazón de los niños de ¡todo el mundo! Dios es fiel en completar lo que inició, y con Su ayuda hemos visto cómo ocurren cosas extraordinarias en la vida de muchos niños y familias.

Quiero agradecerle primero al Señor, pues Él no sólo me llamó a ministrar niños, sino me equipó para ser una persona efectiva. Parte de ese equipamiento radica en la ayuda de mi familia. Mi esposo, Steve, me infundió mucho ánimo mientras progresaba este proyecto. Te agradezco, Steve, por tu paciencia, tus oraciones, tu amor y tu ayuda; en especial, durante esas largas noches. Te amo.

No estoy segura si la maternidad me hizo una mejor ministra de niños o viceversa, todo lo que sé es que con los años éstas dos áreas se han combinado en mí. El resultado fue una familia de niños que me ayudó y ministró a mi lado, derramando su propio corazón y energía en la academia de Superniños. Rachel, Lyndsey, Jenny y Max, les agradezco por hacer de esta familia, una familia de ministros. ¡Ustedes hacen que sea divertida!

La asociación es una parte muy importante en el éxito del ministerio de niños. Confiamos en que Dios es nuestra fuente, y somos socios con otros con el propósito de cumplir Su plan en nuestra vida. Quiero agradecerles a las siguientes personas, pues su fidelidad hizo que la Academia de Superniños produjera fruto todos estos años.

A los comandantes Dana y Linda Johnson: Su amistad y amor significan más para mí de lo que imaginan. Gracias por hacer de la Academia de Superniños ¡un lugar REAL!

Kim Stephenson: Mi socia y amiga de pacto en el ministerio. ¡No hubiera logrado esto sin tu ayuda!, y ¡estoy agradecida de haber contado contigo!

Jenni Drennen: Dios te ha dado la habilidad de tener todo preparado, y al mismo tiempo, mantienes firmes y felices a los comandantes. Simplemente, ¡eres maravillosa!

Lyndsey Swisher: Tu habilidad para transmitir de forma creativa el sentir del corazón de la Academia de Superniños mediante la redacción, la dirección de la filmación y las enseñanzas; es en realidad, asombrosa. ¡Eres una hija maravillosa! Te amo con todo mi corazón.

A nuestro equipo en KCM, en especial a John Copeland y James Tito, por su apoyo y por declarar: "¡Esto es lo que hacemos!". Y después realizarlo con excelencia. Gracias a los miembros de los demás equipos quienes trabajaron tanto para hacerlo bien. Heather Main, Christine Schuelke y Katelyn Kurth, les agradezco por todas esas horas. Gracias a Cindy Hames y al departamento de marcadotecnia y Carleen Higgins en el departamento de televisión. ¡Hagámoslo de nuevo!

Algo muy importante, quiero agradecer a los pastores George y Terri Pearsons y al equipo de niños de EMIC. Ustedes creyeron, sembraron, oraron e hicieron de la Academia de Superniños un lugar real con superniños reales. Nunca lo olvidaré y Jesús tampoco.

Y a los cientos de superniños reales en *Eagle Mountain International Church*. ¡Gracias! Y recuerden, una vez que han sido superniños ¡siempre lo serán!

Por último, pero no menos importante, les agradezco a Kenneth y Gloria Copeland por inculcarme en la vida de fe, por darme la Palabra no adulterada; a fin de enseñársela a los susperniños, y por ser personas dedicadas de manera absoluta, firme y previsible a la Palabra. Amo ser su hija.

¡Los amo a todos!

Commander Kellie
Comandante Kellie

GUÍA PARA SU ACADEMIA DE SUPERNIÑOS: Una guía sencilla

Nos sentimos emocionados de que haya adquirido la versión en español de nuestro plan de estudio de la Academia de Superniños. Los principios que se enseñan y el material que se brinda, permiten entablar una relación con Dios e inspirar a los niños para que realicen cosas extraordinarias en todo lo que emprendan.

El material de la versión en español incluye:

- **BOSQUEJO DE LA LECCIÓN**: Un bosquejo sencillo de tres pasos que le explica la verdad de la Palabra y su aplicación en la vida diaria.
- **VERSÍCULO PARA MEMORIZAR**: Estos versículos representan una oportunidad familiar para memorizar y guardar la Palabra en el corazón de todos.
- **TIEMPO PARA JUGAR**: Los juegos refuerzan el mensaje de la lección, y lo ejemplifican durante un tiempo de diversión.
- **OFRENDA**: La manera bíblica de dar es muy importante. Cada semana, estas verdades le enseñarán los principios de dar, y éstos se implantarán en lo profundo del corazón de los niños.
- **SUPLEMENTOS** (incluye dos de los siguientes temas en cada lección):

  Lección práctica: Ilustra el enfoque de la lección y brinda elementos visuales para la enseñanza.

  Caso real: Esta actividad destaca un interesante e histórico lugar, persona o evento con lo cual se ejemplifica el tema de la lección que se está enseñando.

  Drama: Puede leerse como una historia, representarse como una obra o realizarse con títeres.

  La cocina de la academia: Esta actividad requiere artículos de cocina y brinda mejores oportunidades de enseñanza adicionales para examinar e ilustrar la lección.

  El laboratorio de la academia: Combina la lección con la ciencia.

  Tiempo de lectura: Una historia que refuerza el mensaje de la semana a través de un tema ejemplificado.

Cada lección puede utilizarse de muchas maneras. Sea creativo. ¡Diviértase con este material! Aunque el tiempo transcurra rápido, las semillas depositadas en sus niños producirán una gran cosecha que durará toda la vida; y la Palabra que se encuentra en el corazón de ellos, no volverá vacía.

«Instruye al niño en su camino, y aun cuando fuere viejo no se apartará de él».
Proverbios 22:6

EXENCIÓN DE RESPONSABILIDAD DE SALUD Y SEGURIDAD PARA EL PLAN DE ESTUDIO DE LA ACADEMIA DE SUPERNIÑOS

La Academia de Superniños es un ministerio de *Eagle Mountain International Church*, también conocida como Ministerios Kenneth Copeland (a la cual nos referiremos como *EMIC*). El plan de estudio de la Academia de Superniños (al cual nos referiremos como plan de estudio *SKA*) brinda material de enseñanza apropiado para la edad de los niños, a fin de ser utilizado en su formación espiritual. Este plan de estudio *SKA*, incluye actividades físicas en las cuales pueden participar tanto el maestro como el niño. Antes de realizar cualquiera de las actividades, los participantes deben estar en buena condición física, respaldado con certificación médica. *EMIC* no se responsabiliza por las lesiones que resulten de realizar las actividades sugeridas en el plan de estudio *SKA*. Antes de llevar a cabo el plan de estudio *SKA*, debe revisar con cuidado las políticas de seguridad y salud de su organización, y determinar si el plan de estudio *SKA* es apropiado para el uso deseado de su organización.

Al comprar el plan de estudio *SKA*, yo, como persona individual o como representante autorizado de mi organización, decido por medio de la presente liberar, defender, no inculpar y me comprometo a no demandar a *EMIC*, a su personal de seguridad, diáconos, ministros, directores, empleados, voluntarios, contratistas, personal, afiliados, agentes y abogados (colectivamente, cualquier área relacionada a *EMIC*) y a la propiedad de *EMIC*, de cualquier demanda; incluyendo demandas de negligencia y culpa grave de cualquiera o más áreas relacionadas a *EMIC* que surjan del uso y de la participación del plan de estudio *SKA*, o de la participación en las actividades sugeridas incluidas en el plan de estudio *SKA*, ni por los primeros auxilios o servicios prestados que deban realizarse como consecuencia de o relacionados con las actividades o participación en las actividades.

LECCIÓN 1: PRUEBEN Y VEAN

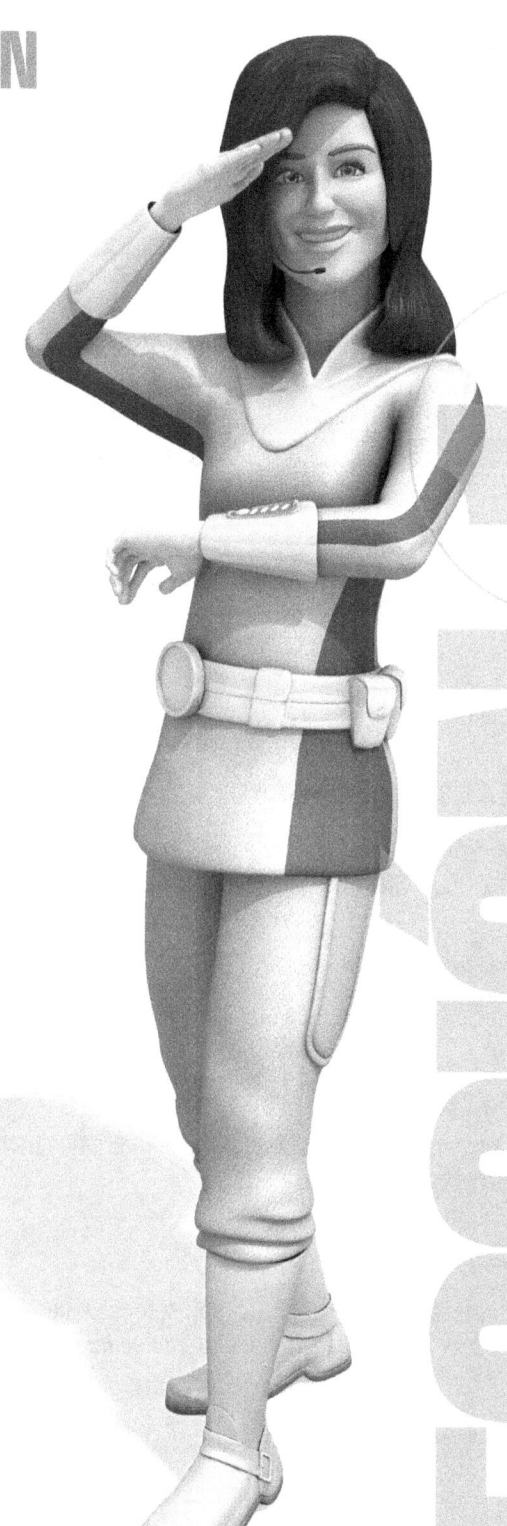

 BIENVENIDA Y ORACIÓN

 VERSÍCULO PARA MEMORIZAR

 TIEMPO PARA JUGAR

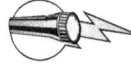 SUPLEMENTO 1: DRAMA

 OFRENDA

 ALABANZA Y ADORACIÓN

 BOSQUEJO DE LA LECCIÓN

 SUPLEMENTO 2: LA COCINA DE LA ACADEMIA

 ORACIÓN, ANUNCIOS, Y MATERIAL DE APOYO

 **Versículo para memorizar:** «*Prueben y vean que el Señor es bueno; dichosos los que en él se refugian*».

(Salmos 34:8, *NVI*)

Serie: El fruto del Espíritu

Academia de Superniños • Vol. 2/1.ª semana • Prueben y vean

TIEMPO PARA JUGAR: EL RETO "OREO"

Tiempo necesario: 10 minutos

Versículo para memorizar: «*Prueben y vean que el Señor es bueno; dichosos los que en él se refugian*».
(Salmos 34:8, *NVI*)

Consejo para el maestro: Por seguridad, si usted decide permitirles probar o tocar los alimentos, es importante que les pregunte a los niños o a los padres si son alérgicos a algún alimento.

Implementos: ■ 1 mesa, ■ 2 paquetes de galletas Oreo®, ■ 2 platos, ■ música alegre de fondo.

Antes del juego:
- Coloque cada plato en lados opuestos de la mesa.
- Coloque 15 galletas en cada plato.
- Escoja dos cadetes para que participen en este juego, un niño y una niña.

Instrucciones del juego:
- Los cadetes deben abrir la galleta, y comerse sólo el relleno de crema que se encuentra en medio de la galleta Oreo®. El primer jugador que se coma el relleno de las 15 galletas se convertirá en el ganador del reto Oreo®.

Objetivo del juego:
Realizar una actividad divertida que ilustre la bondad de Dios al comer algo delicioso.

Opción del juego, entre hermanos:
Escoja a dos hermanos para que compitan contra dos hermanas. Un hermano abre la galleta y se come el relleno; y el otro, se come el resto de la galleta.

Aplicación:
Con toda certeza, las galletas Oreo® son sabrosas, pero ¡Dios es mucho mejor! ¿Creen que estoy bromeando? Leamos Salmos 34:8: «*Prueben y vean que el Señor es bueno; dichosos los que en él se refugian*».

Notas:

Serie: El fruto del Espíritu

DRAMA  "ALEMANIA": Cadena Internacional de Superniños

Concepto: Un reportero viaja por el mundo, conoce personas interesantes y provee información que ayuda a comprender su cultura y su país.

Personajes:
Nennerd Nil: Reportero
Gustaf: Niño alemán que disfruta la polca
Gwen: Niña alemana que disfruta la polca

Disfraces:
Reportero: Traje formal
Gustaf/Gwen: Traje típico de polca

Opciones para los trajes típicos de polca:
  Gustaf: Pantalón corto a la rodilla con tirantes, camisa blanca con cuello, calcetines blancos a la rodilla, zapatos formales y sombrero con una pluma.
  Gwen: Un vestido colorido acampanado con una faja en la cintura, medias a la rodilla y zapatos formales.

 **Consejo para el maestro:** Opciones para la presentación del drama:

1. El reportero puede utilizar un tablero con una copia del guion, así le servirá de referencia para las líneas que debe decir. Resaltar las palabras clave de la historia le brindará apoyo de fácil lectura, y el guion fluirá mejor.

2. Puede grabarlo antes, y presentarlo en televisión durante la clase como si fueran noticias "reales".

 Consejo para involucrar a los adolescentes: Repasar el guion antes de iniciar la clase e involucrar a los adolescentes como auxiliares es una gran forma de mantener a los niños involucrados y atentos.

Implementos: ☐ 1 tablero con copia del guion para el reportero, ☐ 1 micrófono, ☐ 1 mesa redonda pequeña, ☐ sillas, ☐ 2 tazas de café, ☐ 2 platos, ☐ monedas, ☐ 1 adorno navideño, ☐ 1 bolsa grande con lo siguiente: ☐ 1 cepillo para limpiar el inodoro, ☐ billetes, ☐ abrigo y corbata, ☐ 1 calendario grande con una "X" roja sobre el lunes.

Notas:

(Todo empieza con el reportero ubicado en el centro del escenario, sosteniendo el micrófono; mientras tanto, Gustaf y Gwen están bailando polca cerca de él).

REPORTERO - NENNERD NIL:
Bienvenidos a la *Cadena Internacional de Superniños*. El canal televisivo que les trae las últimas noticias de personas y lugares internacionales. Soy Nennerd Nil, y fui enviado a Alemania para presenciar el concurso anual: "Orgullosos bailarines alemanes de polca".

Este año los ganadores son Gustaf y Gwen Hisel.
Bienvenidos y ¡felicitaciones!

(Gustaf hace un saludo de reverencia inclinándose y Gwen flexiona sus rodillas).

GUSTAF Y GWEN:
Gu-ten-tak!

(Ambos vuelven a hacer el saludo, y se mantienen de pie con una gran sonrisa en el rostro).

REPORTERO - NENNERD NIL:
¡Gracias por acompañarnos hoy! Primero, deseo dar algunos datos de Alemania:
Este país cuenta con 82 millones de habitantes y su capital es Berlín.
Debido al aumento de infraestructura, gran parte de Alemania luce más brillante y limpia que años atrás. Esto, combinado con su impresionante cultura, la vuelve un atractivo lugar para visitar. Alemania está ubicada al noroeste de Europa, situada entre Francia y Polonia; se convirtió oficialmente en una nación en 1871 bajo el liderazgo de Otto von Bismarck.

Ahora bien, volvamos con nuestros invitados especiales, Gustaf y Gwen, quienes están emocionados por compartir en nuestro reportaje de hoy, el cual hemos titulado:
"10 consejos para visitar Alemania".

Debido a que ellos sólo hablan alemán, Gustaf y Gwen representarán
por medio de su actuación cada consejo, y yo les traduciré la información.

1.er CONSEJO ACTUADO:
Gustaf comienza a caminar en el mismo lugar, luego Gwen lo sostiene de las manos y comienzan a bailar polca por todo el escenario.

TRADUCCIÓN DEL REPORTERO:
Es fácil viajar por toda Alemania, ya sea por tren subterráneo o autobús. Por supuesto, Gustaf y Gwen recomiendan disfrutar un buen baile de polca en la ciudad.

2.º CONSEJO ACTUADO:
Gustaf y Gwen también recomiendan aprender algunas palabras básicas en alemán.

GUSTAF: (se inclina)
Gu-ten-tak!

TRADUCCIÓN DEL REPORTERO:
Eso significa: "¡Buen día!"

GWEN: (flexiona sus rodilas haciendo un saludo de reverencia)
Danka!

TRADUCCIÓN DEL REPORTERO:
Eso significa: "¡Gracias!"

3.ᵉʳ CONSEJO ACTUADO:
Gwen saca de la bolsa un cepillo para limpiar el inodoro, y empieza a limpiar un retrete imaginario; mientras tanto, Gustaf saca unas monedas de su bolsillo y se las da a Gwen. Gustaf y Gwen hacen el saludo de reverencia.

TRADUCCIÓN DEL REPORTERO:
Mantenga siempre a la mano monedas. Pues las utilizará para pagar el servicio de baño público, el cual siempre limpian después de cada uso.

4.º CONSEJO ACTUADO:
Gustaf saca el adorno navideño de la bolsa y se lo da a Gwen, quien le agradece haciendo una reverencia.

TRADUCCIÓN DEL REPORTERO:
En diciembre, hay mercados navideños donde puede comprar adornos hechos a mano y sidra fresca de manzana. Asegúrese de visitar Rothenburg (rotten-borg), donde se encuentra la tienda de productos navideños más grande del mundo: Kathe Wohlfahrt (Keit Vol-fert).

5.º CONSEJO ACTUADO:
Gwen saca el abrigo y la corbata de la bolsa para que Gustaf los use.

TRADUCCIÓN DEL REPORTERO:
Gustaf y Gwen le sugieren usar abrigo y corbata en los restaurantes de lujo. La mayoría de restaurantes piden que los hombres los utilicen para permitirles el ingreso.

6.º CONSEJO ACTUADO:
Gwen le indica a Gustaf que puede sentarse a la mesa, y simula servirle café.

TRADUCCIÓN DEL REPORTERO:
En Alemania, las personas toman de dos a tres horas para comer y beber café. Entonces relájese y disfrute sus comidas.

7.º CONSEJO ACTUADO:
Gustaf y Gwen comienzan a degustar un postre de manzana. Después de varios bocados, Gustaf levanta su mano para llamar a un mesero.

TRADUCCIÓN DEL REPORTERO:
Gustaf y Gwen disfrutan de un postre de manzana por la tarde, y ¡el postre es delicioso!

8.º CONSEJO ACTUADO:
Después de dar unos bocados más, Gustaf levanta su mano para llamar otra vez al mesero.

TRADUCCIÓN DEL REPORTERO:
Cuando cene en un restaurante, quizá deba pedir más de una vez la cuenta, pues a los meseros no les gusta apresurar a nadie.

9.º CONSEJO ACTUADO:
Gwen saca el calendario grande de la bolsa, el cual tiene una "X" marcada sobre el lunes, y Gustaf lo señala.

TRADUCCIÓN DEL REPORTERO:
Hay muchos museos por visitar en Alemania, pero ninguno está abierto el lunes.

10.º CONSEJO ACTUADO:
Gustaf saca unos billetes de la bolsa, y se los entrega a
Gwen; y ella le agradece haciendo una reverencia.

TRADUCCIÓN DEL REPORTERO:
La moneda que se utiliza en Alemania es el "euro", y
ésta se utiliza en la mayoría de países europeos.

Muy bien, ¡ésta fue una gran experiencia! Ha sido un honor conocerlos, Gustaf
y Gwen. Gracias por tomar de su tiempo para compartirnos acerca de Alemania; y una vez
más, felicitaciones por haber ganado el concurso anual de polca.
Quizá algún día puedan enseñarnos ese baile.

(Gustaf y Gwen hacen un saludo de reverencia, y dejan el escenario bailando polca).

Aunque en Alemania la economía es limitada, Dios tiene la libertad de moverse en ese
país. Los alemanes tienen libertad de culto, y pueden asistir a la iglesia que deseen. Ellos
tienen mucha hambre de Dios en sus vidas y en sus iglesias. Sigamos orando para que al
momento de que los jóvenes y los adultos prueben la bondad de Dios, se sientan retados
a compartir las buenas nuevas de Jesús con sus vecinos. Soy Nennerd Nil, y me despido
recordándoles a los superniños de todo el mundo que:
¡Dios es extraordinario y USTEDES también!

(Sale el reportero).

Notas:

Prueben y vean • Vol. 2/1.ª semana • Academia de Superniños

OFRENDA — SOCIOS DE DIOS

Tiempo necesario: 10 minutos

Versículo para recibir la ofrenda:: "[Le agradezco a mi Dios] por Su comunión (Su amable cooperación, contribución y asociación) en proclamar las buenas nuevas…".

(Filipenses 1:5, *AMP*)

Implementos: ☐ 1 juego de Lego® o piezas armables ☐ 1 mesa.

Antes de la ofrenda:

- Disperse sobre la mesa el juego de Lego® o las piezas armables.
- Escoja tres voluntarios que lo ayuden con la demostración.
- Los cadetes trabajarán unidos, como un equipo, para construir una torre con los bloques.

Instrucciones para recibir la ofrenda:

- Hola, ¡superniños!
- Hoy contamos con la ayuda de tres cadetes para realizar esta demostración. Los tres trabajarán juntos para construir una torre con los bloques del Lego®.
- Mientras ellos la construyen, leamos el versículo para recibir la ofrenda, Filipenses 1:5: "[Le agradezco a mi Dios] por Su comunión (Su amable cooperación, contribución y asociación) en proclamar las buenas nuevas…" (*AMP*).
- Así como ellos tres están trabajando juntos, asociándose el uno con el otro para construir la torre, Pablo necesitaba socios que lo ayudaran para compartir las buenas nuevas. Los socios de Pablo creían en el poder de difundir la Palabra de Dios en todo el mundo, entonces le daban ofrendas para apoyar su misión.
- Ahora, veamos cómo le va al equipo con la construcción de la torre. ¡Es asombroso lo que puede lograrse cuando las personas trabajan juntas!
- ¿Sabían ustedes que el Señor todavía necesita socios así como los necesitaba cuando Pablo vivía? Eso es cierto, y nosotros podemos ser esos socios. Quizá ahora se estén preguntando: "¿Cómo podría ser socio de Dios si soy un niño?". Pues bien, cuando le traemos ofrendas a Dios, estamos asociándonos con Él y estamos permitiendo que las buenas nuevas de Jesús se compartan por todo el mundo.
- Honremos al Señor con nuestras ofrendas.

Notas:

Serie: El fruto del Espíritu

Academia de Superniños • Vol. 2/1.ª semana • Prueben y vean

BOSQUEJO DE LA LECCIÓN — PRUEBEN Y VEAN

Versículo para memorizar: «*Prueben y vean que el Señor es bueno; dichosos los que en él se refugian*».

(Salmos 34:8, *NVI*)

I. DIOS DESEA QUE PROBEMOS Y VEAMOS CUÁN BUENO ES ÉL

a. La palabra **probar** significa: "percibir o reconocer".
b. Desarrollar un gusto por la Palabra de Dios requiere de más de una comida diaria Josué 1:8
c. Confiar en la bondad de Dios trae **La Bendición** Salmos 34:8

II. DESECHEN TODO MAL COMPORTAMIENTO   1 Pedro 2:1

a. Una vida impía evita que puedan "probar" las cosas buenas que Dios tiene preparadas.
b. Las cosas del mundo dejan un mal "sabor" en nuestro corazón, y malos recuerdos en nuestra mente.
c. La "dulce vida" nos permite probar la bondad de Dios ¡cada día! Salmos 119:103

III. LOS SUPERNIÑOS QUE SIENTEN HAMBRE DE LA PALABRA, CRECEN FORTALECIDOS 1 Pedro 2:2-3

a. Las cosas buenas de Dios son como una deliciosa comida para nuestro espíritu.
b. Después que probamos algo muy bueno, les contamos a nuestros amigos ¡lo bueno que es!
c. Entre más **probemos y veamos** a nuestro Padre celestial, ¡más hambre tendremos de Él!

Una palabra del comandante Dana: Debemos estar convencidos de que <u>nuestro Dios es bueno</u>. Ésta fue la primera verdad en la que Satanás mintió, y la cual pervirtió en el huerto de Edén; y hoy en día, también intenta atenuar su importancia. En la Palabra se nos asegura que al momento de probar la bondad del Señor, vivimos en "La Bendición" (Salmos 34:8). Nuestros hijos podrán probar las cosas de Dios si nos aseguramos de que se les enseñe acerca de Su bondad. La forma más fácil de ilustrarles a los niños que el Señor es bueno es asegurándose <u>usted mismo</u> de tratarlos bien, siendo una buena representación de su Padre celestial. Los niños verán reflejado a Dios Y TOMARÁN DECISIONES EN RELACIÓN A ÉL, basados en el ejemplo de sus líderes. Permítales que prueben cuán dulce puede ser Dios, y observe cómo la dulce vida se hace realidad para ellos.

Notas:

Serie: El fruto del Espíritu

LA COCINA DE LA ACADEMIA — GRAN HAMBURGUESA VAQUERA

Tiempo necesario: 10 minutos

Versículo para memorizar: «Prueben y vean que el Señor es bueno; dichosos los que en él se refugian».

(Salmos 34:8, NVI)

Implementos: ☐ Horno microondas, ☐ 1 plato para microondas, ☐ 1 plato extra, ☐ 1 agarrador para evitar quemarse las manos, ☐ 1 cuchillo para untar, ☐ 1 cuchara, ☐ servilletas o toallas de papel.

Antes de la actividad:

- Prepare la carne, el tocino, los champiñones y las rodajas de pan tostadas en casa, siguiendo la receta abajo descrita.
- Durante la actividad, se preparará la hamburguesa y se calentará.

Receta:

Ingredientes: ☐ carne para hamburguesa, ☐ 2 tiras de tocino, ☐ 3 ó 4 champiñones sofritos, ☐ 1 lata de aros de cebolla, ☐ 1 rodaja de queso *cheddar*, ☐ salsa barbacoa, ☐ 2 rodajas de pan tostado.

1. Sazone la carne con un poco de sal y pimienta, puede asarla o freírla en una sartén en la estufa. Envuélvala en papel aluminio para evitar que se seque, mientras llega el momento de hacer la hamburguesa en la clase.
2. Fría el tocino hasta que esté crujiente, quite el exceso de aceite con toallas de papel. Guárdela en un lugar aparte.
3. Sofría con poca mantequilla delgadas rodajas de champiñones.

Instrucciones de preparación:

1. Coloque la carne sobre un plato especial para microondas, sobre ella coloque los champiñones y el tocino. Después una rodaja de queso *cheddar*. Caliéntelo todo hasta que se derrita el queso. Saque el plato utilizando el agarrador.
2. Prepare el pan untándole salsa de barbacoa sobre el lado tostado, utilice lo suficiente para que sea jugoso, pero no tanto como para aguadarlo.
3. Coloque la carne sobre el pan, y encima de ésta los aros de cebolla. Luego, ponga la otra rodaja de pan. Corte la hamburguesa a la mitad para que sea más fácil comerla.

Instrucciones de la lección:

- Cadetes, hoy prepararemos la comida favorita de muchos: la hamburguesa. Sin embargo, no es cualquier hamburguesa, pues es una hamburguesa al estilo vaquero. Debido al poco tiempo que tenemos para hacerla durante la clase, ya adelantamos algo en casa.
- Primero, tomaremos esta rica y jugosa carne, y sobre ella pondremos una cucharada de deliciosos champiñones y una crujiente tira de tocino. Ahora cubrámosla con una sabrosa rodaja de queso *cheddar*. El siguiente paso es colocarla en el horno hasta que se derrita el queso y la carne se caliente. Por nuestra seguridad, usaremos un agarrador para evitar quemarnos cuando saquemos el plato del mircroondas. Niños, ¿acaso no huele muy bien?

- Ahora es el momento de completar la hamburguesa al estilo vaquero. Tomemos dos rodajas de pan tostado y coloquémoslas sobre un plato limpio.

Pregunte ¿A cuántos cadetes les gusta untar salsa de barbacoa sobre el pan?

- Ahora untemos las rodajas de pan con salsa de barbacoa, pero no mucha porque a nadie le gusta una hamburguesa aguada. Muy bien, completemos la hamburguesa al estilo vaquero: Coloquemos la carne sobre una rodaja de pan, luego pongamos los aros de cebolla; y finalmente, la otra rodaja de pan tostado. Ahora, viene la mejor parte, ¡comerla!

- (En este momento de la lección, corte la hamburguesa a la mitad y déle una gran mordida. Descríbales a los cadetes lo deliciosa que está la hamburguesa).

Pregunte ¿Le gustaría a alguien probar esta hamburguesa al estilo vaquero? ¿Es posible saber cuán deliciosa es si sólo *escuchamos* una descripción de su gran sabor?

- Sería mejor que ustedes mismos la probaran para saber en realidad lo sabrosa que es, ¿verdad? Pues bien, eso es exactamente lo que leemos en Salmos 34:8 en relación a Dios. Ahí se nos explica: «*Prueben y vean que el Señor es bueno; dichosos los que en él se refugian*» (NVI). En este versículo, no se hace referencia a que le demos una gran mordida a Dios. Éste significa que no podemos simplemente quedarnos parados y observar cómo otros experimentan lo bueno que es Dios. El Señor desea que nosotros mismos lo vivamos. Él quiere que cada uno de nosotros sepa cuánto nos ama y cuánto le importamos. Podríamos decir que Dios desea que nosotros mismos lo probemos. Ahora bien, ¿quién está listo para probar cuán bueno es el Señor?

Notas:

LECCIÓN 2: AMOR:
DIOS ES AMOR

 **BIENVENIDA Y ORACIÓN**

 **VERSÍCULO PARA MEMORIZAR**

 **TIEMPO PARA JUGAR**

 **SUPLEMENTO 1: DRAMA**

 **OFRENDA**

 **ALABANZA Y ADORACIÓN**

 **BOSQUEJO DE LA LECCIÓN**

 **SUPLEMENTO 2: LECCIÓN PRÁCTICA**

 **ORACIÓN, ANUNCIOS, Y MATERIAL DE APOYO**

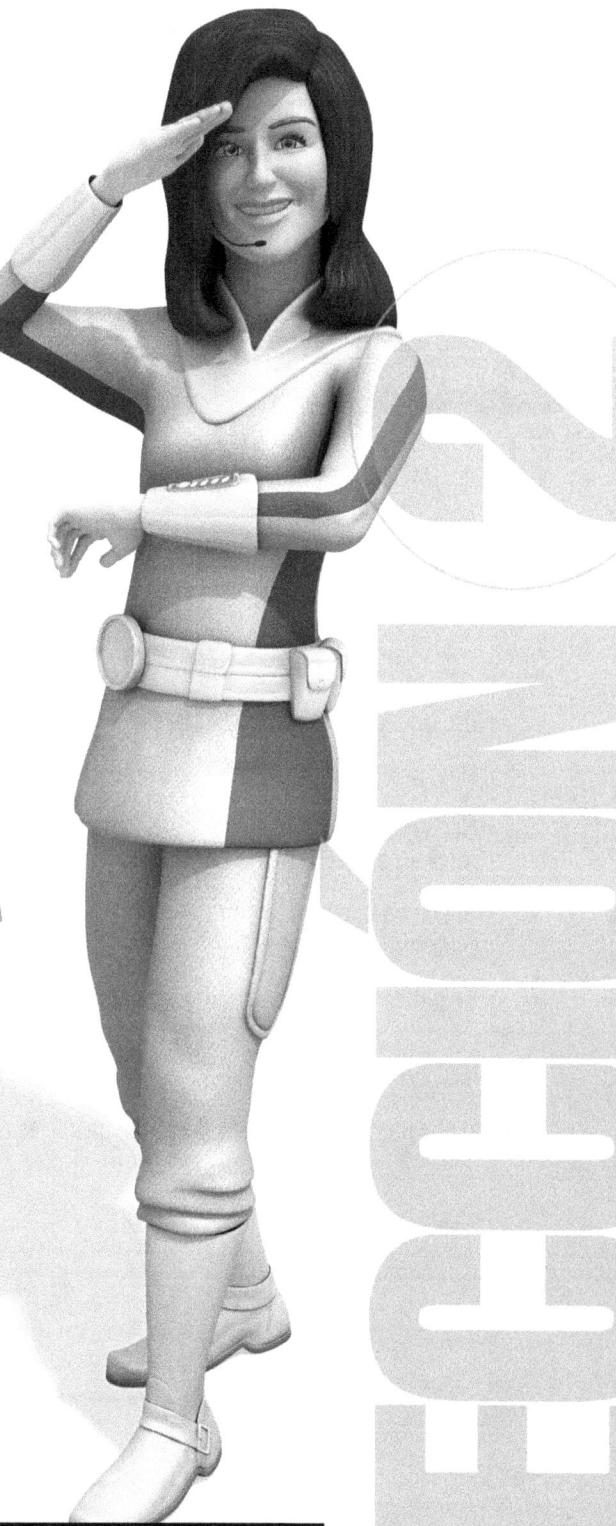

 **Versículo para memorizar:** «Y les he dado a conocer tu nombre, y lo daré a conocer aún, para que el amor con que me has amado, esté en ellos, y yo en ellos». (Juan 17:26)

Serie: El fruto del Espíritu

Academia de Superniños • *Vol. 2/2.ª semana* • *Amor: Dios es amor*

TIEMPO PARA JUGAR — TORRE DE CAJAS

Tiempo necesario: 10 minutos

Versículo para memorizar: «Y les he dado a conocer tu nombre, y lo daré a conocer aún, para que el amor con que me has amado, esté en ellos, y yo en ellos».

(Juan 17:26)

Consejo para el maestro: Puede encontrar cajas vacías de diferentes tamaños en tiendas de manualidades.

Implementos: ☐ 1 juego de cajas vacías, ☐ 1 cronómetro, ☐ premios, ☐ música alegre de fondo.

Antes del juego:

- Prepare una vía segura donde puedan caminar los cadetes mientras cargan las cajas vacías.
- Colóquelas enfrente del salón de forma desordenada.

Instrucciones del juego:

- ¡Hola, cadetes!
- Hoy, necesitaremos tres voluntarios para que participen en el concurso de ordenar las cajas vacías.
- Nuestros voluntarios deben apilar las cajas (desde la más grande a la más pequeña), y llevar la torre de cajas hacia la meta en el menor tiempo posible.
- Si se cae una caja mientras va caminando, el voluntario deberá detenerse, levantarla y colocarla de nuevo en la torre para llegar a la meta.
- El cadete que llegue al final en menos tiempo, ¡recibirá un premio!

Aplicación:

Caminar con una torre de cajas que pueden caerse es desafiante, pero cuando caminamos con el espíritu de amor, ¡nunca caemos!

Notas:

Serie: El fruto del Espíritu

Amor: Dios es amor • Vol. 2/2.ª semana • *Academia de Superniños*

DRAMA  "SUDÁFRICA": *Cadena Internacional de Superniños*

Concepto: Un reportero viaja por el mundo, conoce personas interesantes y provee información que ayuda a comprender su cultura y su país.

Personajes:
Nennerd Nil: Reportero
Un niño y una niña de la tribu africana: Zulú

Disfraces:
Reportero: Traje formal
Niños zulúes: Traje tribal africano: túnicas con estampados fuera de lo común, pañuelos (o accesorios para la cabeza), collares largos de mostacilla, y maquillaje estilo tribal en el rostro.

 **Consejo para el maestro:** Opciones para la presentación del drama:

1. El reportero puede utilizar un tablero con una copia del guion, así le servirá de referencia para las líneas que debe decir. Resaltar las palabras clave de la historia le brindará apoyo de fácil lectura y el guion fluirá mejor.

2. Puede grabarlo antes, y presentarlo en televisión durante la clase como si fueran noticias "reales".

 **Consejo para involucrar a los adolescentes:** Repasar el guion antes de iniciar la clase e involucrar a los adolescentes como auxiliares es una gran forma de mantener a los niños involucrados y atentos.

Implementos: ☐ 1 tablero con una copia del guion para el reportero, ☐ 1 micrófono, ☐ 1 bolsa grande con los siguientes artículos: ☐ 1 cámara, ☐ 1 abrigo y 1 corbata, ☐ 1 adorno tribal para la cabeza ☐ lentes de sol y toallas para playa.

Notas:

Serie: El fruto del Espíritu

(Todo empieza con el reportero ubicado en el centro del escenario, sosteniendo el micrófono; los zulúes están parados junto a él, examinando su forma de vestir y el micrófono; pues son muy curiosos.)

Los zulúes empiezan a bailar una danza tribal africana.

REPORTERO - NENNERD NIL:
Bienvenidos a la *Cadena Internacional de Superniños*. El canal televisivo que les trae las últimas noticias de personas y lugares internacionales. Soy Nennerd Nil, y ahora estoy en Sudáfrica. Estamos transmitiendo en vivo una fiesta tribal, y hoy nos acompañan dos nativos zulúes. Como ellos no hablan nuestro idioma, representarán por medio de su actuación información cultural de su país; y yo se las traduciré.

REPORTERO - NENNERD NIL:
Sudáfrica es el hogar de 43 millones de personas, y su capital es Pretoria. Este país se encuentra ubicado en el extremo meridional de África, limita en el norte por Botsuana y Namibia, y colinda con los océanos Índico y Atlántico.

1.er CONSEJO ACTUADO:
Los niños zulúes simulan manejar ciclomotores, e imitan los sonidos de éstos y de sus bocinas.

TRADUCCIÓN DEL REPORTERO:
Las personas jóvenes que no tienen la edad suficiente para manejar un automóvil, manejan ciclomotores, los cuales son ¡muy divertidos!

EL NIÑO ZULÚ: *(le dice 'Hola' a la niña Zulú)*
Wi-a-mora!

LA NIÑA ZULÚ: *(le responde 'Hola' al niño Zulú)*
¡Hola!

TRADUCCIÓN DEL REPORTERO:
Los sudafricanos hablan un idioma llamado: *Africaans*
Y algunos sudafricanos también hablan inglés.

2.º CONSEJO ACTUADO:
El niño zulú finge tocar una puerta, y la niña zulú la abre y le da la bienvenida.

TRADUCCIÓN DEL REPORTERO:
Si va a quedarse en la casa de una familia Zulú, debe estar preparado para recibir visitas inesperadas. Los sudafricanos son muy amigables y se visitan entre sí muy a menudo.

3.er CONSEJO ACTUADO:
Los niños zulúes fingen saludarse en la mejilla.

TRADUCCIÓN DEL REPORTERO:
Los sudafricanos se saludan entre sí con un beso en la mejilla.

4.º CONSEJO ACTUADO:
La niña zulú saca de la bolsa grande el abrigo y la corbata, luego se los entrega al niño zulú. Él se pone el abrigo al revés y la corbata en la cabeza.

TRADUCCIÓN DEL REPORTERO:
Por lo regular, en los restaurantes se requiere el uso de abrigo y corbata para cenar.

5.º CONSEJO ACTUADO:
Los niños zulúes pretenden estar en una conversación sin sentido y se abrazan.

TRADUCCIÓN DEL REPORTERO:
Las personas por lo regular llaman tío o tía a los padres de sus amigos.

6.º CONSEJO ACTUADO:
El niño zulú finge ser un animal salvaje, mientras que la niña zulú le toma fotos.

TRADUCCIÓN DEL REPORTERO:
Si desea tener una aventura divertida, realice un safari, donde podrá ver toda clase de animales salvajes y tomarles fotografías.

7.º CONSEJO ACTUADO:
El niño zulú finge ser un león, y ataca a la niña zulú cuando ella intenta huir.

TRADUCCIÓN DEL REPORTERO:
Si encuentra un león, no corra. Ellos siempre persiguen los objetos en movimiento.

8.º CONSEJO ACTUADO:
El niño zulú finge ser un elefante y persigue a la niña zulú, pero se detiene y comienza a olfatearla mientras ella se arrodilla para orar.

TRADUCCIÓN DEL REPORTERO:
Si un elefante lo persigue, no se moleste en subir a un árbol. Ellos pueden derribarlo en unos cuantos segundos. ¡Sólo ore y corra!

9.º CONSEJO ACTUADO:
Ambos niños sacan lentes de sol y toallas de playa de la bolsa.

TRADUCCIÓN DEL REPORTERO:
Asegúrese de visitar las playas *De Beers*. La arena está llena de diamantes y es hermoso ver cómo se refleja el sol en ellos. Pero no se haga ilusiones, hay mucha vigilancia.

10.º CONSEJO ACTUADO:
Los zulúes toman un adorno tribal para la cabeza, y se lo colocan al reportero.

TRADUCCIÓN DEL REPORTERO:
¡Esto es muy emocionante! He sido aceptado en la tribu Zulú. ¡Qué gran honor! Gracias por compartir su tiempo y parte de su cultura con nosotros hoy.

(El reportero extiende su mano para saludar, pero los zulúes toman su mano y comienzan a saltar y a dar vueltas, luego le dan una palmadita en la espalda y salen del escenario gritando).

Cielos, ¡eso fue divertido! Les recomiendo bailar con algunos zulúes, bueno si conocen a alguno. ¿Dónde estábamos? Ah, sí... hay muchos cristianos en Sudáfrica, y el número sigue aumentando cada día. La epidemia del SIDA con certeza ha afectado mucho este país. Pero las buenas noticias son que el amor de Dios ha entrado en escena en Sudáfrica, lo cual significa que las personas están siendo sanadas, y recibiendo salvación. Cuando tengan hoy su tiempo de comunión con el Señor, no se olviden de orar por los niños sudafricanos que sirven al mismo Señor que ustedes, ¡pero de una manera distinta! Soy Nennerd Nil, y me despido recordándoles a los superniños de todo el mundo que:
¡Dios es extraordinario y USTEDES también!

(Sale el reportero).

Notas: _____

_____

Academia de Superniños • Vol. 2/2.ª semana • Amor: Dios es amor

OFRENDA — EL PRECIO JUSTO

Tiempo necesario: 10 minutos

Versículo para recibir la ofrenda: "Luego esas ovejas dirán: 'Maestro, ¿de qué hablas? ¿Cuándo te vimos hambriento y te dimos de comer; sediento, y te dimos de beber?...'. Entonces el Rey les responderá: 'Les declaro una solemne verdad: Cada vez que hayan ayudado a alguien que fue ignorado o depreciado, era yo —me lo hicieron a Mí—'".

(Mateo 25:37, 40, *MSG*)

Implementos: ☐ Dinero (algunos billetes y monedas), ☐ 1 rodaja de pan, ☐ 1 frasco de mantequilla de maní ☐ 1 botella de jalea, ☐ 3 tarjetas de cartulina para escribir precios, ☐ 3 sobres.

Antes de la ofrenda:

- Prepare una tarjeta para cada uno de los siguientes productos: una rodaja de pan, un frasco de mantequilla de maní y una botella de jalea.
- En cada tarjeta escriba el precio de cada artículo.
- Colóquelos en una mesa con sus respectivas etiquetas de precios enfrente de cada uno, pero al revés, a fin de que no puedan ver los precios los cadetes.
- Coloque la cantidad de dinero que costará cada artículo en los tres sobres correspondientes.
- Se le dará a cada voluntario un sobre sellado para que lo abra.
- Cada voluntario contará el dinero que tenga su sobre y deberá adivinar qué producto puede comprar con ese dinero.

Instrucciones para recibir la ofrenda:

- ¡Hola, cadetes!
- Necesitaremos tres voluntarios para esta lección.

Pregunte ¿Hay tres cadetes que disfruten acompañar a sus padres cuando compran los abarrotes?
- ¡Muy bien! En esta mesa hay tres productos: un frasco de mantequilla de maní, una rodaja de pan y una botella de jalea. Los voluntarios pueden abrir ahora sus sobres, contar el dinero y luego adivinar qué podrían comprar.
- ¡Veamos si los compradores adivinaron! (Tome un momento y revéleles el verdadero precio de cada artículo).
- Buen trabajo, cadetes.
- En esta actividad, podemos darnos cuenta que incluso una pequeña cantidad de dinero y un poco de tiempo pueden bendecir a otros y honrar a Dios.
- Pudimos comprar un frasco de mantequilla de maní, una rodaja de pan y una botella de jalea con poco dinero. Dios no está buscando la ofrenda más grande, Él sólo desea ver la actitud del corazón del dador.
- No es necesario que seamos adultos o tengamos un empleo para honrar a Dios y bendecir a otras personas. Son las cosas pequeñas que escogemos para compartir la bondad de Dios y el amor con otros las que producen fruto y bendiciones en nuestra vida.
- Veámoslo de la siguiente manera: Jesús está buscando niños que en sus pequeñas vidas puedan dar fruto para alimentarlo, visitarlo y amarlo. Si todos los cadetes trabajan unidos y llevan alimentos a un refugio de indigentes, sería como prepararle a Jesús un sándwich de mantequilla de maní y de jalea.

Serie: El fruto del Espíritu

BOSQUEJO DE LA LECCIÓN — AMOR: DIOS ES AMOR

Versículo para memorizar: «Y les he dado a conocer tu nombre, y lo daré a conocer aún, para que el amor con que me has amado, esté en ellos, y yo en ellos».

(Juan 17:26)

I. EL FRUTO DEL ESPÍRITU ES LA NATURALEZA DE DIOS QUE HA NACIDO EN NOSOTROS

a. «... el amor de Dios ha sido derramado en nuestros corazones por el Espíritu Santo que nos fue dado» Romanos 5:5

b. El mismo amor con el que Dios ama a Jesús habita en nosotros Juan 17:26
   ¡Podemos amar a otros con ese sorprendente amor de Dios!

c. Este amor no se convierte en un fruto si no se manifiesta en el exterior a favor de otros.

II. DIOS ES AMOR, ES SU NATURALEZA 1 Juan 4:16

a. La naturaleza de Dios (el fruto del espíritu) quedará inactiva si no la usamos. ¡Es necesario que actuemos!

b. Cuando realizamos las cosas con nuestras propias fuerzas (carnales), se pierde lo sobrenatural.

c. Sin el amor de Dios, vivimos como simples seres humanos 1 Corintios 3:3

III. EL FRUTO QUE NUNCA FALLA

a. El resto del fruto proviene y obra a causa del amor, la misma naturaleza de Dios.

b. Cuando decidimos vivir conforme al espíritu, no fallamos.

c. Nuestro amor humano no es lo suficientemente fuerte para soportar los tiempos difíciles, pero Su amor ¡nunca falla!
   1 Corintios 13:8

Una palabra de la comandante Kellie: Algunas veces les resulta difícil a los niños vivir en amor. Pues además de ser egocéntricos por naturaleza, en la sociedad de hoy en día se ha perdido el verdadero significado del amor. Se ha basado tanto en un "sentimiento" que no tiene fundamento para sostenerse. Si un superniño puede comprender la diferencia entre su propia habilidad natural de amar y su habiliad de usar el mismo amor de Dios, entonces podrá <u>escoger</u> vivir conforme al amor de Dios. Es importante establecer primero el concepto del amor en nuestro interior. Y para lograrlo, utilicé un ejemplo que se asemeja mucho: la preparación de un sándwich de mantequilla de maní. Un poco de mantequilla de maní en el centro de la rodaja de pan no es suficiente. Si deseamos un buen sándwich, debemos untarlo sobre todo el pan, de arriba a abajo, de orilla a orilla y de lado a lado. ¡Eso es derramar! El amor de Dios y Su capacidad de amar se encuentran en nuestro interior. Entonces cuando parece imposible amar a alguien, éste nos recuerda que no estamos usando Su amor, sino que lo estamos tratando de hacer a nuestra manera. Cuando escogemos Su amor, ¡éste se manifestará en el exterior!

Notas: _____
_____
_____

Academia de Superniños • Vol. 2/2.ª semana • Amor: Dios es amor

LECCIÓN PRÁCTICA: LA SEMILLA MAESTRA

Tiempo necesario: 10 minutos

Versículo clave: «...porque el amor de Dios ha sido derramado en nuestros corazones por el Espíritu Santo que nos fue dado». (Romanos 5:5)

Consejo para el maestro: Por seguridad, si usted decide permitirles probar o tocar los alimentos, es importante que les pregunte a los niños si son alérgicos a algún alimento.

Implementos: ☐ 5 frutas diferentes (Ej: manzana, naranja, fresa, cereza, kiwi o banano), ☐ 1 recipiente.

Antes de la actividad:

- Escoja cinco frutas diferentes que tengan semilla.
- Saque la semilla de cada fruta.
- Coloque las semillas en un recipiente para que pueda mostrárselas a los niños.
- Exhiba una muestra de cada fruta entera y una muestra de cada fruta sin semilla.

Instrucciones de la lección:

- ¡Buenos días, superniños!
- Hoy hablaremos de las frutas. Aquí tenemos diferentes frutas.

Pregunte ¿Puede alguien decirme qué tienen en común estas frutas?

- (Dé cierto tiempo para que los cadetes compartan y discutan sus ideas?
- ¡Sí! ¡Todas las frutas tienen semillas! Antes de la clase, les quitamos las semillas a las frutas, y las colocamos dentro de un recipiente.
- (Permita que los cadetes vean las semillas, y adivinen a qué fruta pertenecen).
- Durante los dos siguientes meses, estaremos aprendiendo acerca del fruto; pero no de la clase de fruto que nos comemos, sino del que se describe en la Biblia: "el fruto del Espíritu".
- Ahora bien, no vayan a buscar un árbol del fruto del Espíritu, pues esa clase de fruto no crece en los árboles; éste florece de su corazón. Otro aspecto interesante acerca del fruto del Espíritu es que hay diferentes clases, al igual que las frutas que conocemos.
- Pero ¿recuerdan que todas las semillas que vimos en la lección de hoy son diferentes? Pues bien, el fruto del Espíritu no tiene distintas clases de semilla. Quizá ahora se estén preguntando: "Un momento, ¿cómo puede ser posible?". Sólo existe una clase de semilla que hace crecer ese fruto del Espíritu. Leamos nuestro versículo bíblico de la lección práctica, Romanos 5:5: «...porque el amor de Dios ha sido derramado en nuestros corazones por el Espíritu Santo que nos fue dado».
- ¿Por qué es tan sorprendente? Porque Dios deposita una sola semilla en nuestro corazón, la cual produce todo tipo de cosas maravillosas. Y es la semilla de Su amor. No se preocupen, no nos saldrán manzanas de los oídos. Pero con el amor de Dios depositado en nosotros, podemos producir todo tipo de maravillosos frutos espirituales ¡de inmediato!

Serie: El fruto del Espíritu

LECCIÓN 3: UN AMOR IMPARABLE

 BIENVENIDA Y ORACIÓN

 VERSÍCULO PARA MEMORIZAR

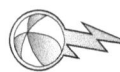 TIEMPO PARA JUGAR

 SUPLEMENTO 1: CASO REAL

 OFRENDA

 ALABANZA Y ADORACIÓN

 BOSQUEJO DE LA LECCIÓN

 SUPLEMENTO 2: TIEMPO DE LECTURA

 ORACIÓN, ANUNCIOS, Y MATERIAL DE APOYO

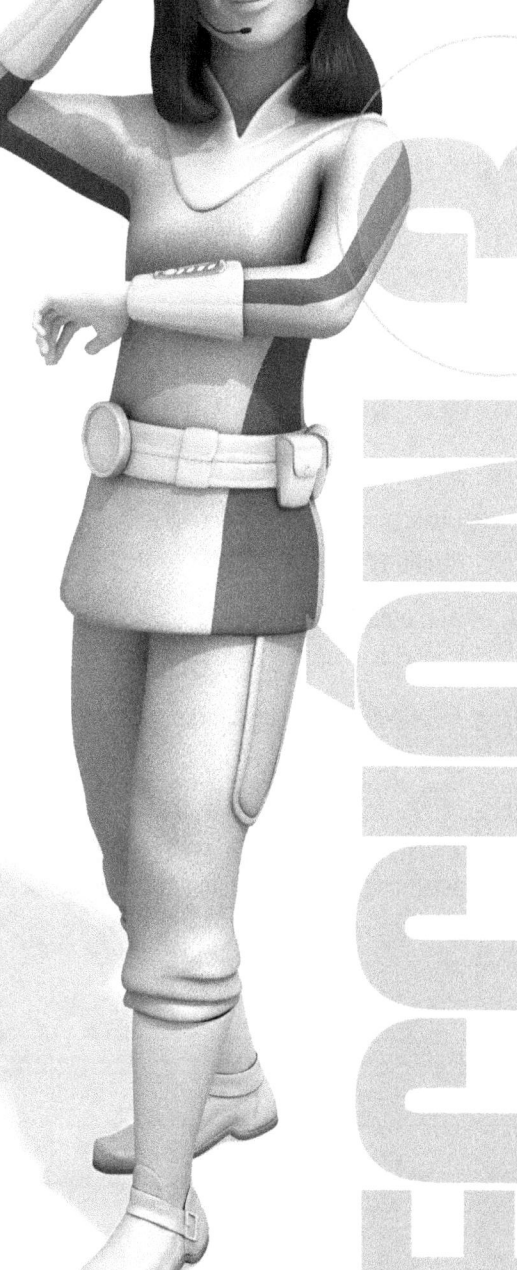

 **Versículo para memorizar:** "El amor nunca falla [no se apaga ni se extingue ni se termina]...".

(1 Corintios 13:8a, *AMP*)

Serie: El fruto del Espíritu

Academia de Superniños • Vol. 2/3.ª semana • Un amor imparable

TIEMPO PARA JUGAR — CARRERA DE RELEVOS CON CAMPANILLAS

 **Tiempo necesario:** 5-7 minutos

 **Versículo para memorizar:** "El amor nunca falla [no se apaga ni se extingue ni se termina]...".

(1 Corintios 13:8a, *AMP*)

Implementos: ☐ 2 campanillas, ☐ 2 pelotas de playa, ☐ 2 conos de tráfico, ☐ música alegre de fondo.

Antes del juego:

- Divida a los cadetes en dos equipos de relevos.
- Coloque cinta adhesiva sobre el piso para marcar la línea de partida, la cual también servirá para la línea de meta.
- Coloque los conos de tráfico en posición opuesta al área de relevo.

Instrucciones del juego

- Los concursantes sostendrán las campanillas en sus manos, y mantendrán una pelota para playa entre sus rodillas.
- Cuando comience el juego de relevos, cada jugador caminará o saltará alrededor del cono de tráfico que está colocado en el lado opuesto de la clase, sin dejar caer la pelota; y mientras tanto, deberá hacer sonar el cascabel.
- Al momento de que cada jugador llegue a la línea de meta, tocará al siguiente compañero de su equipo; a fin de que continúe el juego.
- El primer equipo que finalice la carrera, ganará.

Aplicación:

El amor de Dios es incondicional y nunca falla. Cuando trabajamos juntos ,como equipo, apoyándonos y animándonos unos a otros, estamos produciendo buen fruto que honra al Señor.

Notas:

Serie: El fruto del Espíritu

Un amor imparable • Vol. 2/3.ª semana • *Academia de Superniños*

CASO REAL: GLADYS AYLWARD

Concepto: Destacar un histórico e interesante lugar, personaje o evento que ejemplifique la lección del día. El tema de hoy es: El amor de Dios nunca falla.

Disfraz: Vestido largo, en colores opacos (Con cuello estilo campestre o estilo camisa).

 **Consejo para el maestro:** Utilizar un disfraz atrae la atención del superniño. Es de gran ayuda usar imágenes cuando les enseña.

 **Consejo para involucrar a los adolescentes:** Repasar el guion antes de iniciar la clase e involucrar a los adolescentes como auxiliares es una gran forma de mantener a los niños involucrados y atentos.

INTRODUCCIÓN:

- Hoy, aprenderemos de una mujer que demostró tener un corazón lleno de amor por la gente. No era cualquier clase de amor, sino un amor infinito.

- Jesús es el mejor ejemplo de un amor que nunca falla. Él escogió amar, incluso cuando no fue correspondido, y otros decidieron perseguirlo.

LECCIÓN:

Acerca de Gladys Aylward:

- Gladys Aylward nació en Londres, Inglaterra, en 1902. La vida de Gladys cambió para siempre a la edad de 28 años. Ella decidió dedicar su vida al servicio de Dios y de otros, y sabía en su corazón que deseaba ser misionera en China.

Una determinación imparable:

Desafío #1 - Poca educación:

- Gladys enfrentó muchos obstáculos mientras cumplía el llamado que Dios había puesto en su corazón. A los 26 años, intentó ingresar a una escuela misionera en Londres, llamada: *China Inland Mission Center.* Ella fue rechazada, pero perseveró en su llamado.

Desafío #2 - Dinero y un viaje peligroso:

- Gladys trabajó durante las noches y los fines de semana, a fin de ahorrar dinero para su viaje. Ella no logró reunir lo suficiente para viajar por barco, entonces decidió tomar el ferrocarril transiberiano. Viajar por este medio de transporte era muy peligroso, en especial para las mujeres; sin embargo, con su determinación y la gracia de Dios, llegó a salvo a Yangchuan, China.

Notas: _____

Serie: El fruto del Espíritu

Amor por los chinos:

- Ser extranjera y además mujer, representaba un desafío en China. Ellos no confiaban en ella y no querían que les enseñara.
- Gladys logró comunicarse con una mujer llamada Jennie Lawson, quien ya había estado sirviendo como misionera en China. Ambas trabajaron en una posada, proveyéndole ropa limpia, buenos alimentos e historias bíblicas a los viajeros.
- Ella aprendió mucho acerca del servicio junto a Jennie, y con su perseverencia comenzó a ganarse la confianza de los chinos.
- Después de haber servido como misionera en China durante 50 años, la señora Jennie Lawson falleció.

Un amor imparable:

- En China, muchos niños huérfanos eran vendidos y comprados como esclavos. Gladys sabía que ellos necesitaban del amor y cuidado de Dios, entonces los empezó a rescatar; y la posada se convirtió en un refugio y un orfanato.
- Cuando se inició la guerra en China, la vida de Gladys y su obra con los huérfanos se vio amenazada. Ella enfrentó uno de los más grandes desafíos: llevar 100 huérfanos a un lugar seguro. Ella estaba sola en su misión, pero confiaba en que Jesús la guiaría para cruzar los 160 kilómetros a través de un área montañosa.
- Después de caminar durante 12 días por las montañas, encontraron un obstáculo: un río difícil de cruzar. Los niños comenzaron a orar, pues sabían que Dios podía ayudarlos. Poco tiempo después de orar, apareció un bote abandonado flotando río abajo, entonces pudieron cruzarlo y llegar a un lugar seguro.

HACIENDO HISTORIA:

- Gladys Aylward respondió a su llamado, el cual consistía en amar a otros, viajando a un país extranjero y compartiendo la bondad de Dios con las personas que al principio no la recibieron con agrado. Ella les demostró amor y con el tiempo conquistó sus corazones. Su fuerza y su fe fueron puestas a prueba, pero el amor de Dios en ella nunca falló.

CONCLUSIONES:

- Un corazón que se encuentra lleno del amor de Dios, da, es amable y rinde su vida para ayudar a otros. Gladys Aylward llevó una vida llena de amor infinito, y le llevó paz y esperanza a muchos chinos.
- Por esa razón, Gladys y su historia forman parte de nuestro caso real de hoy.

Notas:

Un amor imparable • Vol. 2/3.ª semana • *Academia de Superniños*

OFRENDA: MANTENGAN LA FE FLUYENDO

Tiempo necesario: 10 minutos

Versículo para recibir la ofrenda: «... la fe que obra por el amor».

(Gálatas 5:6)

Implementos: ☐ 1 *punch ball* o un globo grande.

Antes de la ofrenda:

Deje una *punch ball* o un globo sin inflar frente a la clase. La *punch ball* o globo se irá inflando mientras se enseña la lección. (También tenga una *punch ball* o un globo inflado antes de la lección).

Instrucciones para recibir la ofrenda:

- ¡Hola, cadetes!

Pregunte **¿Hay alguien que le guste jugar con *punch balls* o globos?**

- ¡Muy bien! Éstos son divertidos, pero al parecer a éste le falta algo.

Pregunte **¿Sabe alguien qué necesita?**

- ¡Así es! ¡Le falta aire!

Pregunte **¿Le gustaría a alguien ayudarme a inflar este globo?**

- (Escoja un voluntario para ayudarlo con el ejemplo).

- ¡Grandioso! ¡Un excelente voluntario! A medida que el cadete continúa inflándolo, éste se hace cada vez más grande. Ahora, imaginemos que el aire es nuestra fe.

- Mientras vamos aprendiendo a creer y a confiar en Dios, nuestra fe va creciendo más y más, al igual que este globo.

- (Pídale que infle más el globo, pero que no lo ate).

- Leamos juntos y en voz alta nuestro versículo para la ofrenda, Gálatas 5:6: «...la fe que obra por el amor». Recibir el amor de Dios en nuestro corazón y permitir que éste fluya sobre la vida de otros, ayudará a que nuestra fe crezca.

- Con el amor de Dios obrando en nuestro interior, desearemos ser amables, respetuosos y generosos con los demás. Pero cuando no actuamos de esa manera, es como si al globo se le escapara el aire, haciéndose más y más pequeño.

- (Pídale que le saque un poco de aire al globo).

- Hay actitudes que evitan que nuestra fe obre. Si somos codiciosos e irrespetuosos en la escuela, o si no somos amables con nuestros hermanos y hermanas; entonces el amor no está obrando en nosotros. Y si no somos amorosos y amables, nuestro "globo de la fe" se irá desinflando.

- (Deje que salga un poco más de aire del globo).

- Entonces intentémoslo de nuevo. (Pídale que infle más el globo). Ya se encuentra lleno de fe nuestro globo, y esta vez nos aseguraremos de mantener una buena actitud, y realizar lo que le agrada a Dios. Cuando actuamos así, es como si le atáramos un nudo a nuestro globo. Podríamos llamarle "el nudo del amor". Cadetes, recuerden mantener el "aire de la fe" cuando den; y asegúrense de cuidar su corazón. Al hacer el nudo del amor, nuestra fe permanece en el lugar correcto.

Serie: El fruto del Espíritu

Academia de Superniños • Vol. 2/3.ª semana • Un amor imparable

BOSQUEJO DE LA LECCIÓN — UN AMOR IMPARABLE

Versículo para memorizar: "El amor nunca falla [no se apaga ni se extingue ni se termina]...".

(1 Corintios 13:8a, *AMP*)

I. EN LA PALABRA DE DIOS SE AFIRMA QUE EL AMOR NUNCA FALLA 1 Corintios 13:8, *AMP*
   a. Nuestro amor natural puede fallar.
   b. Cuando el amor ocupa el primer lugar, no caemos en las trampas de Satanás.
   c. El diablo ¡NO PUEDE SOPORTAR EL AMOR DE DIOS!
   d. El amor confunde al enemigo.

II. JESÚS NOS ORDENÓ QUE VIVIÉRAMOS EN AMOR Juan 15:12
   a. Él escogió amar, incluso cuando lo arrestaron.
   b. Las armas naturales no tienen el poder que posee el amor.
   c. Jesús venció la muerte porque vivió conforme al amor de Dios.

III. VIVIR CONFORME AL AMOR, ¡PRODUCE FRUTO ETERNO! Juan 15:16-17
   a. Satanás de continuo intenta presionarnos para que no amemos a otros.
   b. El enemigo intentará provocarnos para que vivamos en contienda con las personas. Incluso trata de engañar a superniños, como ustedes, para que peleen con sus hermanos y hermanas.
   c. ¡No hay ninguna ley en contra del amor! Nada puede derrotar a Dios en ustedes cuando permiten que Su naturaleza se manifieste en el exterior Gálatas 5:22-23
   d. Si vivimos conforme al amor, podemos recibir lo que pidamos. En Gálatas 5:6, leemos que la fe obra por el amor.
   e. Satanás no desea que sepamos los secretos para obtener el éxito. No obstante, ya es demasiado tarde, pues Dios tiene muchos superniños que conocen la verdad del fruto del amor.

Una palabra de la comandante Kellie: Hemos reforzado nuestra enseñanza del amor, pues el resto del fruto se respalda en el amor. Todo éste, la fe, la paciencia, el gozo, etc., proviene del amor. Cualquier cosa que intentemos realizar en nuestras propias fuerzas, sin utilizar la poderosa naturaleza de Dios que se encuentra en nosotros, lo hacemos según la carne. En nuestro estudio del fruto del Espíritu, a menudo nos referimos a vivir conforme a la carne o conforme al Espíritu. Cuando realizamos algo en la carne, el trabajo es más duro, en cambio al vivir conforme al Espíritu recibimos el poder de Dios. De hecho, la palabra griega para *carne* significa: *trabajo*. Un importante aspecto que deben aprender los niños en esta serie es que por cada presión (deseo de la carne) que Satanás ejerza, existe una fuerza en el interior que surge cuando se escoge el amor, el gozo, la paz, la paciencia, la bondad, la benignidad, la fidelidad, la mansedumbre y el dominio propio. Satanás no tiene <u>nada</u> que pueda vencernos cuando vivimos conforme al Espíritu. ¡Nuestros superniños son vencedores en Dios!

Notas: _____

_____

Serie: El fruto del Espíritu

Un amor imparable • Vol. 2/3.ª semana • Academia de Superniños

TIEMPO DE LECTURA — GOMA DE MASCAR Y UN PERRO

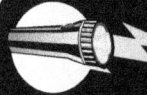 **Consejo para involucrar a los adolescentes:** Repasar el guion antes de iniciar la clase e involucrar a los adolescentes como auxiliares es una gran forma de mantener a los niños involucrados y atentos.

 **Consejo para el maestro:** Se le dan opciones para desarrollar la presentación de la historia.

 **Consejos para el dibujante:** Corte el papel según el tamaño del pizarrón y péguelo. Dibuje un boceto a lápiz del dibujo antes de realizar la presentación durante la lección. Pues quizá no haya tiempo para completarlo y colorearlo en la escena. Difumine las líneas con borrador, a fin de que sean visibles para el dibujante, no para el público. Lea antes el guion para determinar el tiempo necesario para terminar la ilustración en el escenario. Cuando inicie la historia, use marcador negro para resaltar el dibujo, siguiendo las líneas guías. Después coloréelo usando tizas de color pastel. Luego difumine los colores con un pedazo de tela. Finalmente, quite el papel del pizarrón, enróllelo, amárrelo con bandas elásticas, y luego regáleselo a un niño.

Implementos para el dibujo: ☐ Caballete (para colocar el duroport), ☐ 1 pieza grande de duroport (Se recomienda una de 30" x 48", la cual puede comprar en una tienda de manualidades), ☐ 1 rollo de papel blanco tamaño pancarta (ya sea material del maestro o comprado en la tienda de manualidades) ☐ Marcadores negros (para el boceto y para delinearlo), ☐ tizas color pastel (de una tienda de manualidades), ☐ trapos (para mezclar la tiza), ☐ tijeras (para cortar el papel a la medida que se necesita), ☐ cinta adhesiva (para pegar el papel al duroport), ☐ bandas elásticas (para amarrar el dibujo que se regalará), ☐ mesa pequeña (para colocar los implementos durante la lección), ☐ lápiz y borrador (los lápices de grafito son mejores), ☐ bata (para mantener limpia la ropa del dibujante).

Antes de la lectura:

De las siguientes opciones de presentación, escoja cuál se adapta mejor para su equipo:

1. Tiempo de lectura:

Seleccione su elenco con antelación (pueden ser miembros del equipo o superniños que sepan leer bien, y que además, tengan talento dramático y sean expresivos) para que lean las líneas de los personajes de la obra. La cantidad de personas que seleccione dependerá de cuántos personajes tengan líneas en la historia o cuántas personas tenga disponibles. Si no cuenta con muchas, puede utilizar una persona para que lea dos personajes. Sólo asegúrese que las voces sean distintas. Saque copias del guion y resalte las líneas de cada uno. Le sugerimos que realicen antes un ensayo de lectura, a fin de asegurarse que la lectura fluya. Para añadirle diversión, usen disfraces. Al principio de la historia, presente a su elenco.

Lista de personajes/disfraces:

Personaje	Disfraz
Donald	Cabello despeinado y una playera vieja
Señor Goodman	Chaqueta formal, camisa blanca y una linda corbata
Señora Goodman	Vestido, perlas y sombrero
Señorita Berry	Anteojos, y el pelo recogido
Señor Stark	Colocarse un peluquín y bigote (puede dibujarlo con un delineador de ojos)
Rosie	Trenzas y pecas (puede dibujarlas con un delineador de ojos color café)

2. Una historia ilustrada:

Si hay algún dibujante en su equipo, será de gran ayuda para su presentación. Mientras se lee la historia, el artista puede realizar un dibujo en relación al tema, el cual se regalará como premio al finalizar. Utilice este premio como incentivo para los superniños, a fin de que permanezcan callados y presten atención. Al inicio, deberá comprar algunos implementos, pero no permita que esa compra lo disuada para no utilizar esta opción. Una vez que compre el material, éste le durará mucho tiempo y podrá usarlo de nuevo.

Serie: El fruto del Espíritu

Sobre una cerca, por el camino y al atravesar dos grandes puertas color marrón de un orfanatorio, se ven diferentes niños: grandes, pequeños, callados, inquietos y de distintos tonos de piel. Aunque ninguno es igual, todos tienen algo en común: son huérfanos. Cada uno está a la expectativa de ser amado, y esta historia relata la vida de un niño huérfano muy especial.

Donald es de cabello café oscuro, y cuando sonríe, pareciera que sus ojos tienen estrabismo. Y Dondald ¡sonríe todo el tiempo! Hoy cumple siete años, y siempre pide los mismos regalos: goma de mascar y un perro. Pero cada año, también le repiten que no se permite tener mascotas en el hogar, y que tampoco se le puede dar goma de mascar porque se queda pegada en el suelo.

—Pero prometo que ¡no la dejaré caer al suelo! Sólo deseo probar su sabor —ruega Donald.

—No te daremos goma de mascar —le responden.

Este cumpleaños es muy especial, ya que le dieron las mejores noticias. La señorita Berry, una empleada del orfanato, le aseguró que una familia adoptiva temporal estaba lista para llevarlo a casa.

—¿Qué es una familia adoptiva? ¿Significa que "adoptiva" es su apellido? —preguntó Donald.

—No, una familia adoptiva temporal es la que está dispuesta a cuidar de ti por un tiempo —le respondió la señorita Berry.

—¿Cuánto tiempo? —le cuestionó.

—Eso lo decide la familia adoptiva temporal. Podría ser un mes o más —le contestó la señorita Berry.

—Me portaré muy bien, entonces desearán que me quede para siempre. Y también les mostraré mi mejor truco de magia —exclamó.

—No te ilusiones tanto, pues la mayoría de personas sólo quiere adoptar bebés.

El corazón de Donald se entristeció mucho, y la sonrisa que siempre mantenía, desapareció. Las palabras de la señorita Berry se repetían una y otra vez en su mente: «La mayoría de personas quiere un bebé». Si tan solo hubiera tenido un perro en ese momento, éste lo había amado sin importar que tuviera 2 ó 92 años. Pero no importaba, al menos estaría fuera del orfanato por un tiempo para experimentar muchas cosas nuevas. Apenas estaba empezando a soñar despierto cuando la señorita Berry lo hizo volver a la realidad.

Donald debía empacar porque la familia adoptiva temporal llegaría en una hora. Entonces salió corriendo hacia las viejas escaleras que lo llevaban a la habitación que compartía con otros 11 niños.

(Criic, crac, criic, crac). Las escaleras producían sonidos graciosos. Donald sacó una caja de cartón de debajo de la pequeña cama de metal. Ésta contenía sus pertenencias, por consiguiente, no le tomó mucho tiempo empacar. Y él guardó unas cosas extras dentro de la funda de su almohada: un oso viejo, un cepillo de dientes y una pelota; luego bajó las escaleras.

(Criic, crac, criic, crac).

—No extrañaré estas escaleras que rechinan tanto —se dijo a sí mismo.

Una niña pecosa, llamada Rosie, brincando, se le acercó.

—¿Qué estás haciendo? —le preguntó.

—Estoy esperando a mi familia adoptiva temporal —replicó Donald.

—¿Por qué alguien te escogería? Ni siquiera tienes todos tus dientes —dijo ella, luego salió saltando antes de que él pudiera responderle.

¿Por qué alguien lo escogería? Quizá la señorita Berry y la niña pecosa tenían razón. Tal vez él no era lo suficientemente especial como para que alguien lo amara. Entonces se sentó en la dura banca de madera que se encuentra cerca de la puerta para esperar. Un gran reloj blanco lo miraba. Tic tac, tic tac. Él veía cómo se movían las manecillas del reloj. Pasaron 30 minutos, después una hora. Luego Donald puso su mentón sobre sus manos. Quizá éste no sería un gran cumpleaños después de todo.

Rosie asomó su cabeza por la esquina.

—¿No han venido todavía? —le preguntó.

Él consideró lanzarle la funda de su almohada, pero ella lo acusaría y lo metería en problemas; y no valía la pena. En lugar de eso, él sólo se quedó observando a través de la ventana. Después de que transcurrieron tres horas más, escuchó un fuerte sonido de campana. Era el momento de la cena. Donald no tenía mucha hambre, pues la decepción le había quitado el apetito. En ese instante, sintió que le tocaron el hombro, y volteó rápidamente. Pero era la señorita Berry. ¡Qué desilusión!

—Hora de cenar, Donald —le expresó.

—Debo esperar a mi familia adoptiva temporal.

—Lo siento. No creo que vayan a venir, o ya estarían aquí —le dijo, mientras colocaba su mano sobre su hombro.

—Ven, te preparamos tu comida favorita: ensalada de repollo, zanahoria y cebolla con mayonesa, y pollo frito —exclamó.

Donald tomó su funda de almohada y fue a cenar. Se formó en la línea, tomó una bandeja y se sentó a comer con otros 50 niños, a quienes quizá no les gustaba esa ensalada. Después de comer, tiró la basura y se sentó a escuchar las instrucciones para realizar las tareas de limpieza en la cafetería, así como ya lo había hecho unas mil veces.

En ese momento, una pareja con apariencia agradable entró al comedor, acompañada del director, el señor Stark. La dama usaba un elegante vestido amarillo y tacones, y el caballero sostenía una bonita sombrilla, ésta tenía una manija de madera con forma de pato.

El señor Stark le hizo una señal a Donald. Un niño de mayor edad que estaba sentado junto a Donald, le dio un codazo en las costillas, y le dijo: «Mira, el señor Stark te está llamando».

El corazón de Donald latió con fuerza como si fuera un gran tambor. Él tomó su funda de almohada, y se preguntaba si ésa era su familia adoptiva temporal. Luego se acercó lentamente a la pareja.

—Señor y señora Goodman, les presento a Donald. Donald, quiero que conozcas a tu familia adoptiva temporal. ¿Ya tienes preparadas todas tus cosas? —le preguntó el señor Stark.

Donald le mostró su funda de almohada, y sintió cómo su sonrisa regresaba poco a poco a su rostro. Pero le dijo a esa sonrisa que desapareciera pronto, pues era demasiado rápido como para sentirse feliz. Después de todo, las personas sólo querían adoptar bebés, no niños; además, él ya estaba perdiendo algunos dientes.

La señora Goodman con gentileza tomó la mano de Donald y lo llevó hacia su rojo y brillante automóvil, el cual tenía aroma a piel nueva.

—Me contaron que hoy es tu cumpleaños —le expresó la señora Goodman.

—Sí, cumplo siete —le contestó Donald, mostrándole siete dedos con su mano.

— Muy bien, entonces eso signfica que ¡debemos celebrarlo! Señor Goodman, este niño necesita un pastel de cumpleaños y regalos —exclamó ella.

—Claro que sí. En seguida le compraremos pastel y regalos —respondió.

Donald casi no podía creerlo. Se pellizcó el brazo para saber si era un sueño. ¡Auch! Era real. ¿Por qué eran tan amables? Si lo acababan de conocer.

El señor Goodman se detuvo en una lujosa pastelería. Adentro, Donald comió la más deliciosa tarta de cumpleaños. Ésta era de chocolate con glaseado y tenía siete velas de cumpleaños. Él siempre había deseado apagar unas.

—Pide un deseo —le dijo la señora Goodman.

No le tomó mucho tiempo, pues ya sabía con exactitud qué deseaba: goma de mascar y un perro. Dio un profundo respiro y sopló con todas sus fuerzas, y las velas destellaron. ¡Eso fue divertido!

—¿Qué pediste? —le preguntó el señor Goodman

—No debes contestarnos si no deseas compartirlo, Donald —añadió la señora Goodman.

—Mmmm, no hay problema. Pedí goma de mascar. Me han dicho que sabe muy bien.

—¿Algo más? —preguntó con curiosidad el señor Goodman.

—Un perro. Siempre he querido uno —le respondió Donald.

—Mmmmmm, goma de mascar y un perro —pensó el señor Goodman, mientras tocaba su cabeza—. Será mejor que nos vayamos ya, señora Goodman, tenemos cosas importantes que hacer.

Entonces la señora Goodman tomó la mano de Donald y se dirigieron a una tienda de mascotas. Donald se quedó sentado.

—Bien, ¿qué esperas? Ve y escoge un perro —le indicó el señor Goodman. AHORA sí debía estar soñando. Se pellizcó de nuevo.

Academia de Superniños • Vol. 2/3.ª semana • Un amor imparable

¡Auch! No, todavía estaba despierto. Antes de llegar a la puerta de esa tienda, Donald vio una máquina llena de goma de mascar.
—Miren eso —expresó el señor Goodman, mientras sacaba una moneda de su bolsillo—. ¡Feliz cumpleaños!

30 segundos después, sobre su mano cayó una enorme bola azul de goma de mascar. La puso en su boca, y la masticó. ¡Estaba deliciosa! ¿Cómo podían prohibirla? En segundos, los dientes que le quedaban se tornaron color azul intenso. «¡Qué bien!», pensó.

Sus ojos se abrieron aún más cuando entró a la tienda, pues nunca había visto tantos animales juntos. Lagartijas, hámsters, peces y conejos, pero lo mejor eran los perros. La mayoría estaba durmiendo, pero un pequeño cachorro de suaves orejas, estaba viéndolo. Él acercó su mano, y éste lamió el vidrio. **Ahora,** nada podía impedir su famosa sonrisa, estaba de vuelta con gran intensidad.

—Éste quiero. Miren, ¡le agrado! —saltó con emoción Donald.

—Claro que sí. ¿Qué nombre le pondrás? —le preguntó el señor Goodman.

—Goma de Mascar. Así lo llamaré —expresó Donald, después de pensar por un momento.

Después de que el señor Goodman le pagara a la encargada de la tienda; el señor y la señora Goodman, Donald y Goma de Mascar subieron al automóvil y se dirigieron a casa. Goma de Mascar se sentó en sus piernas y le lamió la mano durante todo el camino.

Cuando Donald y Goma de Mascar terminaron de instalarse en la casa de los Goodman, ya era hora de dormir. Ésa era la primera vez que a Donald no le importaba irse a dormir. Sobre su grande y limpia cama, había un par de nuevas y lindas pijamas. Nunca en su vida había usado nada tan cómodo. Se las puso, y se metió bajo las limpias y frescas sábanas, y haló el suave y sedoso edredón hasta su mentón. En ese momento, entraron a la habitación el señor y la señora Goodman. Tomados de la mano, se sentaron a la orilla de la cama. El señor Goodman le dijo: «Donald, queremos hablar contigo antes de que te duermas».

El corazón de Donald se entristeció en gran manera. Bien, **era** demasiado bueno para ser verdad. Al menos pudo tener por un día velas de cumpleaños, goma de mascar y un perro.

—¿Te gustaría vivir con nosotros... para siempre? —le preguntó la señora Goodman.

—¿Para siempre? Pero yo creía que las personas solo querían adoptar bebés —le respondió Donald.

La señora Goodman sonrió y miró a su esposo. —¿Recuerdas que cuando viste a Goma de Mascar, enseguida supiste que ése era el perro que deseabas? Así nos sentimos cuando te vimos. Dios nos dijo que tú eras el indicado para nosotros —le explicó el señor Goodman.

—Pero ¿cómo pueden quererme? Si ni siquiera tengo mis dientes de enfrente —preguntó Donald.

—Fácil. Sabemos cuánto te ama Jesús. Y Su amor es el mejor y mayor amor que existe. Éste es imparable. A Él no le importa si tienes o no todos tus dientes, tampoco si eres bebé o niño. Y ésa es la clase de amor que sentimos por ti. Entonces ¿qué opinas? ¿Podemos ser tus padres? —le preguntó el señor Goodman.

Donald sintió un nudo en la garganta, mientras una lágrima rodaba por su mejilla. Sin embargo, no era de tristeza, sólo reflejaba que había pasado el mejor cumpleaños de su vida. Había recibido una goma de mascar y un perro; y ahora, una familia de verdad y para siempre. Él sonrió con tanta fuerza que le dolieron las mejillas. Y se lanzó sobre el cuello de los señores Goodman, abrazándolos tan fuerte como pudo.

—¡Creo que eso es un sí! —exclamó la señora Goodman.

—Muy bien, ya es tarde, y necesitamos descansar un poco. Nos vemos mañana, hijo —le expresó el señor Goodman, guiñendo el ojo.

El señor y la señora Goodman se levantaron para salir de la habitación, y apagaron la luz.

—¿Puedo hacerles una pregunta más? —les preguntó Donald.

—Claro.

—Ahora, ¿cómo debo llamarlos? —les preguntó Donald.

—Creo que la mayoría de niños les dice a sus padres: mamá y papá —replicó el señor Goodman con una gran sonrisa.

Fin

Escrita por Jennifer Drennen.

Serie: El fruto del Espíritu

LECCIÓN 4: GOZO

 BIENVENIDA Y ORACIÓN

 VERSÍCULO PARA MEMORIZAR

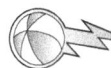 TIEMPO PARA JUGAR

 SUPLEMENTO 1: DRAMA

 OFRENDA

 ALABANZA Y ADORACIÓN

 BOSQUEJO DE LA LECCIÓN

 SUPLEMENTO 2: EL LABORATORIO DE LA ACADEMIA

 ORACIÓN, ANUNCIOS, Y MATERIAL DE APOYO

 **Versículo para memorizar:** «... no os entristezcáis, porque el gozo de Jehová es vuestra fuerza».

(Nehemías 8:10b)

Serie: El fruto del Espíritu

Academia de Superniños • Vol. 2/4.ª semana • Gozo

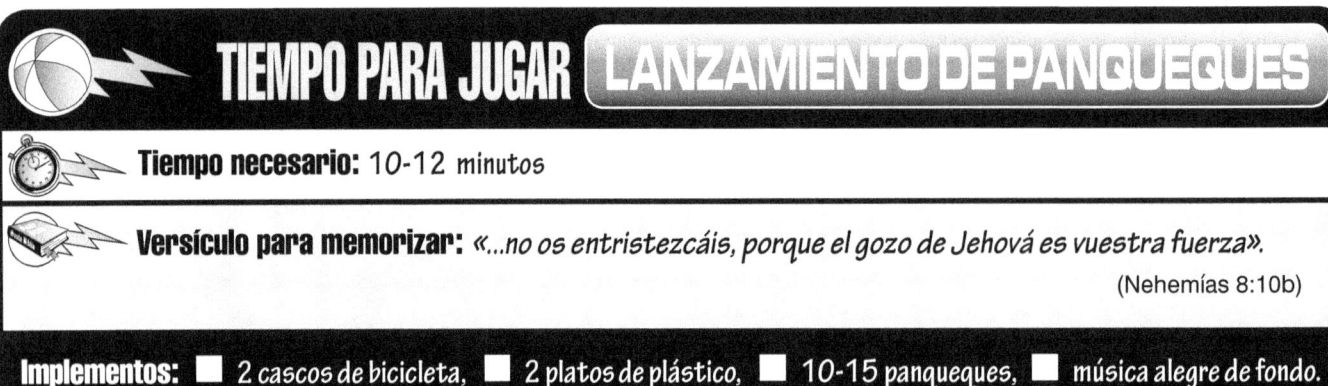

TIEMPO PARA JUGAR — LANZAMIENTO DE PANQUEQUES

Tiempo necesario: 10-12 minutos

Versículo para memorizar: «...no os entristezcáis, porque el gozo de Jehová es vuestra fuerza».

(Nehemías 8:10b)

Implementos: ☐ 2 cascos de bicicleta, ☐ 2 platos de plástico, ☐ 10-15 panqueques, ☐ música alegre de fondo.

Antes del juego:

- Haga dos "sombreros de plato", al pegar un plato de plástico sobre cada casco de bicicleta.
- Escoja dos cadetes por equipo, uno que lance y otro que atrape.
- Coloque a los miembros de cada equipo a tres metros de distancia.

Instrucciones del juego:

- Cuando empiece la música, uno de los cadetes debe lanzar los panqueques hacia el casco de su compañero.
- Quienes tienen el casco intentarán atraparlos, pero sin usar las manos.
- El equipo que tenga más panqueques en el plato de su casco, gana.

Aplicación:

El gozo del Señor se aplica de muchas maneras distintas. Este sencillo y divertido juego, puede provocar que tanto los jugadores como los espectadores se gocen. ¡Riámonos más!

Notas:

DRAMA

EN EL MEJOR DE LOS CASOS: "ANIMANDO DE UNA MANERA FANTÁSTICA"

Concepto: Al estilo *reality show*, una variación del programa estadounidense llamado: "El peor de los casos". Éste enfatiza la vida de niños que han encontrado retos, pero que los han vencido con el poder de Dios y Su Palabra. Presentado por un narrador de programa de televisión.

 **Consejo para el maestro:** Si no tiene un equipo de voluntarios para interpretar a los personajes, considere sustituirlos con una voz detrás del escenario o grabar la narración con antelación.

 **Consejo para involucrar a los adolescentes:** Repasar el guion antes de iniciar la clase e involucrar a los adolescentes como auxiliares es una gran forma de mantener a los niños involucrados y atentos.

Personajes:
Narrador: Con personalidad de presentador de televisión
Animadora 1: Mary (Capitana)
Animadora 2: Carrie
Animadora 3: Cherry (Acróbata)

Disfraces:
Narrador: Chaqueta oscura
Animadoras: Uniformes de animadoras (si no tienen, pueden utilizar ropa deportiva: *shorts*, pantalones para practicar deportes y camisetas para animadoras)
Zapatos deportivos

Implementos: ☐ 3 juegos de pompones.

Notas:

(Empieza con el narrador ubicado en medio del escenario).

NARRADOR:
Bienvenidos a "En el mejor de los casos", el programa que les permite observar las situaciones de la vida diaria de niños cristianos. Quizá ustedes piensen: "¿Qué hay de emocionante en eso?". Quédense con nosotros y les mostraremos. En un momento, veremos cómo una situación desafiante se convirtió "En el mejor de los casos".

Ahora, conozcamos a nuestros personajes: La primera es Mary. Ella tiene 14 años de edad, le gusta animar, ir de compras y cantar. Su frase favorita es: ¡Vamos!

La siguiente es Carrie. Ella tiene 15 años, le gusta animar, ir de compras y ver películas en *Disney Channel*. Su frase favorita es: ¡A luchar!

Y la última, pero no menos importante, Cherry. Ella tiene 14 años, le gusta animar, ir de compras y contar chistes. Su frase favorita es: ¡A ganar!

El tema de hoy se titula: G-O-Z-O. ¿Podrán Mary, Carrie y Cherry vencer sus obstáculos personales antes de animar en el campeonato estatal, y mantener el gozo sin importar qué suceda? ¡Descubrámoslo!

(El narrador permanece inmóvil, y se coloca al lado del escenario; Mary, Carrie y Cherry entran desde diferentes lugares con sus pompones, y se alistan para realizar el calentamiento antes del gran juego).

MARY:
¡Cielos! ¡He tenido el mejor día!

CARRIE:
¡Yo también!

CHERRY:
¡Igual!

MARY:
Les cuento, yo creía que mi uniforme estaba sucio y ya era hora de venirme al juego. Y pensé: «Esto no está bien, pues hoy es el campeonato estatal». Entonces fui al área de lavandería y ¿adivinen qué? ¡estaba limpio y planchado!

CHERRY:
¿Esa linda blusa rosada con puntos?

MARY:
No, ¡mi uniforme!

(Todas gritan de emoción)

CARRIE:
¡Escuchen! Ustedes saben que se me seca la boca cuando voy a animar algún partido, ¿verdad?

MARY/CHERRY:
Sí

CARRIE:
Pues bien, estaba tan nerviosa por el campeonato que olvidé mi cartera. Luego se me acerca un joven y me regala dinero para comprarme una bebida hidratante. ¿Pueden creerlo?

MARY/CHERRY:
¡Qué bien!

CHERRY:
Ahora escuchen esto. Me lastimé mi rodilla haciendo una pirueta. Entonces en la mañana dije: «Señor, necesito que mi rodilla sane». Y miren...

(Cherry hace una pirueta)

CHERRY:
¡Hiciste una pirueta!

MARY:
¡Este día ha sido fantanimado!

CARRIE:
¡Dios es sorprendente! Con toda razón, Pablo y Silas hicieron una gran ovación cuando los encarcelaron.

MARY:
Bueno, creo que en realidad entonaron una canción. Pero ellos hubieran sido grandes animadores.

CARRIE:
¡No sabía que pudieran dar piruetas! Genial, y mi hermano aseguraba que no había animadores en la Biblia.

MARY:
Bueno, no sé si podían dar piruetas, pero lo que sí sé es que ellos estaban llenos de gozo! Se me está ocurriendo una nueva rutina de animación. Tomemos nuestra posición, ¡está bien!

(Las animadoras toman los pompones, y se quedan calladas un momento)

MARY:
¿Qué rima con gozo?

CHERRY:
Gozo, oso, amoroso, bondadoso, hermoso. Podríamos crear una excelente animación.

MARY:
Me gusta la idea. ¿Listas?

CARRIE/CHERRY:
¡Sí!

(Las señoritas toman las posturas de animadoras y se quedan quietas; ahora la atención se centra en el narrador que se encuentra al lado del escenario)

NARRADOR:
Ahí lo tienen. En el mejor de los casos. En lugar de permitir que la circunstancias de la vida las desanimaran, Mary, Carrie y Cherry mantuvieron el gozo. Ellas están aprendiendo cómo gozarse con las pequeñas bendiciones de la vida. Además, ¿cómo podrían ser animadoras si no sintieran emoción? Y lo mejor de todo, su equipo ganó el campeonato estatal; entonces colocaron sus fotografías en el periódico y les pusieron como título: Un día fantabuloso. Hablando del mejor de los casos. No podía ser mejor.

(Sale el narrador, luego Mary, Carrie y Cherry).

Academia de Superniños • Vol. 2/4.ª semana • Gozo

OFRENDA — ÚNANSE

Tiempo necesario: 10 minutos

Versículo para recibir la ofrenda: «...que si dos de vosotros se pusieren de acuerdo en la tierra acerca de cualquiera cosa que pidieren, les será hecho por mi Padre que está en los cielos».

(Mateo 18:19)

Implementos: ☐ 1 carreta.

Instrucciones para recibir la ofrenda:

 **¿Hay algún cadete grande y fuerte que esté dispuesto a ayudar con nuestra demostración de hoy?**

- Indíquele al voluntario que se siente en la carreta, colocando sus pies adentro. Rételo para que se mueva de un lugar a otro del salón de clases, sin cambiar de posición en la carreta.
- (Como esa acción no puede realizarse, prepárese para que los cadetes reaccionen con mucho humor).
- ¡No es una tarea fácil! Busquemos otro voluntario para que nos ayude. Será mucho más fácil si alguien lo empuja al otro lado. (Permita que los cadetes realicen esa demostración).
- Sin ayuda era muy difícil (casi imposible) que el primer cadete pudiera lograrlo, pero una vez que recibió la ayuda, la situación se tornó más fácil.
- Bueno, esta demostración ilustra lo que Jesús expresó en Mateo 18:19: «...que si <u>dos</u> de vosotros se pusieren de acuerdo en la tierra acerca de cualquiera cosa que pidieren, les será hecho por mi Padre que está en los cielos».

Pregunte: ¿Qué sucedió cuando nuestro primer voluntario intentó moverse por su propia cuenta?

- ¡Sí! Era muy difícil lograrlo. Necesitaba ayuda.
- Dios desea que trabajemos juntos. Es bueno tener amigos que amen a Dios, pues orarán por ustedes y estarán a su lado tanto en los buenos como en los malos momentos.
- Entonces si ya le pidieron algo a Dios, y les parece que es algo difícil, pídanle a un amigo que los ayude a empujar la carreta.

Notas:

 ## BOSQUEJO DE LA LECCIÓN — GOZO

Versículo para memorizar: «... no os entristezcáis, porque el gozo de Jehová es vuestra fuerza».

(Nehemías 8:10b)

I. DIOS DESEA QUE TENGAMOS GOZO SIN IMPORTAR QUÉ SUCEDA

a. ¡La naturaleza de Dios es gozo! Él quiere que Sus hijos disfruten del mismo gozo que Él tiene. Cuando Jesús habita en nuestro corazón Su gozo también vive en nosotros.

b. Sentirse feliz es diferente a tener gozo en el interior.

c. La felicidad no es suficiente cuando se enfrenta a una situación difícil.

II. EL GOZO DEL SEÑOR ES NUESTRA FUERZA Nehemías 8:10

a. Cuando surge la presión, el gozo **en realidad** se encuentra a nuestra disposición 1 Tesalonicenses 1:6

b. Jesús tenía gozo cuando parecía imposible tenerlo, ¡aun estando colgado de la Cruz! Hebreos 12:2

c. El gozo nos pertenece, **¡en especial durante los momentos difíciles!**

d. El fruto del gozo les ayudará a no sentir tristeza ni lástima de ustedes mismos. Un superniño gozoso puede usar su fe y ser ganador en todo tiempo.

III. HABLAR CON JESÚS PROVOCA QUE NUESTRO GOZO SE AGITE Salmos 16:11

a. Hombres avaros y perversos azotaron a Pablo y Silas, y los encarcelaron Hechos 16:22-26

b. El gozo del Señor se manifestó y ellos decidieron vivir conforme a éste. ¡No les preocupó estar en la cárcel!

c. Ellos tenían mucho del fruto del gozo que prefirieron cantar y alabar a Dios.

d. El fruto del gozo lo fortalecerá en gran manera, a fin de ganar cualquier batalla en la fe.

 ***Una palabra de la Comandante Kellie:*** Muchas veces, los adultos piensan que los niños no se encuentran bajo presión. Pero a menudo, eso no es cierto. Es más, en nuestras grandes iglesias, las familias enfrentan problemas que no siempre vemos. Debemos entrenar a nuestros niños para que no sean movidos por lo que ven. Ya que ellos pueden confiar en Dios, aun cuando las circunstancias los quieran hacer dudar.

La fe se basa en los buenos planes que Dios tiene para nuestra vida (en Su Palabra). Las circunstancias pueden hacernos "sentir" felices o tristes, incluso experimentar ambos sentimientos en un mismo día — o ¡en una hora!—.

El gozo es una fuerza poderosa que no se basa en los sentimientos (o la carne), sino que surge de nuestro espíritu en momentos de dificultad.

Incluso en medio del llanto, el gozo brotará del interior. Cuando fluye el gozo, la presión comienza a marcharse, las lágrimas cesan y pueden poner los ojos en Jesús, quien tiene la respuesta para todo (Salmos 121:1-2).

El gozo es la fuerza que le abre paso a la fe para que ésta se incremente. Luego la paz empieza a obrar. Quizá la presión haga difícil el camino, pero el fruto del Espíritu es como un equipo de superhéroes que vienen ¡al rescate!

Serie: El fruto del Espíritu

Academia de Superniños • Vol. 2/4.ª semana • Gozo

EL LABORATORIO DE LA ACADEMIA — DÉJENLO FLUIR

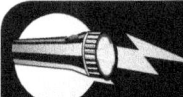

Tiempo necesario: 10 minutos

Versículo clave: "...Aunque haya grandes problemas a causa de la Palabra, ustedes pueden recibir un profundo gozo que proviene del Espíritu Santo! — sobrellevando el problema con gozo, y el gozo con el problema—".

(1 Tesalonicenses 1:6, *MSG*)

Consejo para involucrar a los adolescentes: Involucrar a los adolescentes como auxiliares es una gran forma de mantener a los niños involucrados y atentos.

Implementos: ■ 3/4 taza bicarbonato, ■ 1 taza de vinagre blanco, ■ arena húmeda, ■ 1 lata pequeña, ■ 1 jarra, ■ 1 frasco de colorante de alimentos rojo, ■ 1 bandeja.

Antes de la actividad:

Intente realizar la demostración antes de mostrársela a los cadetes:

- Coloque la arena húmeda sobre la bandeja, dándole forma de volcán.
- Coloque dentro de la parte superior del volcán la lata pequeña, dejando el cráter descubierto.
- Cubra con arena todo el contorno de la lata, a fin de que ésta no se vea.
- Prepare la siguiente mezcla antes de la actividad, así se ahorrará tiempo para otros propósitos específicos.
- Coloque el bicarbonato dentro de la lata.
- Mezcle el vinagre y el colorante rojo en la jarra.
- Cuando sea el momento de realizar la erupción, vierta la mezcla de vinagre dentro de la lata con bicarbonato y vea ¡cómo fluye la lava!
- Elija un ayudante, adolescente o adulto, para realizar la demostración.

Instrucciones de la lección:

Pregunte ¿Alguno de ustedes ha visto un volcán de verdad?

- Bien, hoy haremos ¡nuestro propio volcán!
- Primero, le pediremos a nuestro voluntario que coloque esta arena húmeda sobre esa bandeja y forme un volcán. Ahora, colocaremos esta pequeña lata en medio del volcán y la cubriremos con arena.
- Este volcán es similar a los desafíos que enfrentamos. Quizá algunos parezcan ser tan grandes como un volcán, los cuales interfieren entre nosotros y el gozo.
- Leamos qué se nos enseña en la Palabra en cuanto a nuestra reacción ante los desafíos (o montañas) que enfrentamos. En nuestro versículo para memorizar se nos enseña que ¡debemos escoger el gozo!
- (Prepare la mezcla de la erupción, viértala y deje que siga brotando mientras comparte el resto de la enseñanza).
- Cuando decidimos quitarle nuestra atención a los problemas o "volcanes", y nos enfocamos en Dios, en Sus promesas y en Su gran amor por nosotros; entonces Su felicidad y Su gozo brotarán de nuestros corazones y cubrirán por completo todos los problemas que parecen ser tan grandes.
- El fruto del gozo surge cuando escogemos entablar una relación con Dios y vivir en Su presencia. Cuando aprendamos y experimentemos cuán grande es el amor que Dios tiene por nosotros, ¡no podremos detener el fluir del gozo!

Serie: El fruto del Espíritu

LECCIÓN 5: PAZ

 **BIENVENIDA Y ORACIÓN**

 **VERSÍCULO PARA MEMORIZAR**

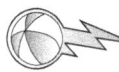 **TIEMPO PARA JUGAR**

 **SUPLEMENTO 1: DRAMA**

 **OFRENDA**

 **ALABANZA Y ADORACIÓN**

 **BOSQUEJO DE LA LECCIÓN**

 **SUPLEMENTO 2: LECCIÓN PRÁCTICA**

 **ORACIÓN, ANUNCIOS, Y MATERIAL DE APOYO**

 **Versículo para memorizar:** «Así experimentarán la paz de Dios, que supera todo lo que podemos entender. La paz de Dios cuidará su corazón y su mente mientras vivan en Cristo Jesús». (Filipenses 4:7, *NTV*)

Serie: El fruto del Espíritu

Academia de Superniños • Vol. 2/5.ª semana • Paz

TIEMPO PARA JUGAR: GATEANDO COMO BEBÉ

Tiempo necesario: 10 minutos

Versículo para memorizar: «Así experimentarán la paz de Dios, que supera todo lo que podemos entender. La paz de Dios cuidará su corazón y su mente mientras vivan en Cristo Jesús». (Filipenses 4:7, *NTV*)

Implementos: ☐ 8 baberos, 8 pañales grandes, ☐ 2 sonajeros, ☐ 4 pares de rodilleras, ☐ 2 conos de tráfico (O pueden hacerse dos líneas con cinta adhesiva para marcar la línea de meta en el piso), ☐ música alegre de fondo.

Antes del juego:

- Forme dos equipos con cuatro integrantes cada uno.
- Indíqueles que todos los participantes deben ponerse los baberos, los pañales y las rodilleras sobre su ropa.
- Ambos equipos formarán una fila al lado del otro equipo en la línea de salida, y se colocarán sobre sus manos y sobre sus rodillas.
- Los primeros "bebés" de cada fila sostendrán un sonajero.
- Coloque un cono de tráfico o con cinta adhesiva marque una línea de meta.

Instrucciones del juego:

- Será una carrera de relevos. Los jugadores empezarán cuando escuchen: "¡Vamos, bebés!".
- Los primeros dos "bebés" gatearán hacia la línea de meta marcada y regresarán al inicio, sosteniendo su sonajero.
- Cuando lleguen, llorarán como bebés y le entregarán el sonajero al siguiente "bebé".
- Mientras el segundo compañero esté gateando, el "bebé" que llegó primero le dará sus rodilleras al tercero.
- El primer equipo en terminar la carrera de gateo con relevos, ¡gana!

Aplicación:

Pregúnteles a los niños si pueden recordar cuando gateaban, lloraban y usaban pañal. Esperamos que ninguno lo recuerde. Pregúnteles si se sentirían extraños teniendo que usar un pañal y un sonajero, y entrar gateando a la iglesia cada semana.

¿Qué pasaría si los cadetes entraran a la academia *Superkid* y vieran a los comandantes usando pañales y llorando por su merienda? ¿Alguna vez se han puesto a pensar que éste es el comportamiento que Dios ve en muchos cristianos, hoy en día? Unos bebés muy viejos y necios que incluso necesitan que les cambien los pañales. Entonces nosotros aseguremonos de crecer a la manera de Dios, y ¡ya no usemos pañal el resto de nuestra vida!

Notas:

DRAMA — "CHINA": Cadena Internacional de Superniños

Concepto: Un reportero viaja por el mundo, conoce personas interesantes y provee información que ayuda a comprender su cultura y su país.

Consejo para el maestro: Opciones para la presentación del drama:

1. El reportero puede utilizar un tablero con una copia del guion, así le servirá de referencia para las líneas que debe decir. Resaltar las palabras clave de la historia le proveerá puntos de referencia para una fácil lectura y el guion fluirá mejor.

2. Puede grabarlo antes, y presentarlo en televisión durante la clase como si fueran noticias "reales".

Consejo para involucrar a los adolescentes: Repasar el guion antes de iniciar la clase e involucrar a los adolescentes como auxiliares es una gran forma de mantener a los niños involucrados y atentos.

Personajes:
Nennerd Nil: Reportero
Ling: Un niño chino

Disfraces:
Reportero: Traje formal
Niño chino: Un traje de karate
       o
       Niña china: Un kimono (Puede arreglarle el cabello con una cinta o recogérselo y hacerle un moño alto y colocarle palillos chinos; maquíllele el rostro de blanco y los labios de color rojo).

Implementos: ☐ 1 tablero con copia del guion para el reportero, ☐ 1 micrófono, ☐ 1 bolsa grande con lo siguiente: ☐ papel higiénico, ☐ palillos chinos, ☐ 1 libreta, ☐ 1 barrita de queso, ☐ 1 pollo de hule, ☐ una galleta de la fortuna.

Notas:

(Todo empieza con el reportero ubicado en el centro del escenario, sosteniendo el micrófono; Ling se encuentra parado junto al reportero, muy feliz de aparecer en televisión).

REPORTERO - NENNERD NIL:
Bienvenidos a la *Cadena Internacional de Superniños*. El canal televisivo que les trae las últimas noticias de personas y lugares internacionales. Soy Nennerd Nil, y ahora, me encuentro en China; hoy nos acompaña Ling, un(a) superniño(a) de China. Hola, Ling.

(Ling se inclina)

LING:
¡Ni-jau!

REPORTERO - NENNERD NIL:
China es el país más poblado, pues tiene aproximadamente 1.2 billones de habitantes. Eso significa que posee la mayor cantidad de ciudadanos de todos los países del mundo. Muchos, incluyendo a Ling, viven en Beijing (beiyin), la capital. También cuenta con la represa más larga del mundo, localizada en el río Yangtze (yang-zi). Este país está ubicado en el Extremo Oriente y se le considera parte de Asia. Es el tercer país de mayor extensión territorial, y ¡es más grande que toda Europa!

Dos terceras partes de la nación se encuentran cubiertas de muchas montañas y colinas hermosas. Aunque la región es montañosa, lo cual provoca que la temperatura sea fría en el invierno, en China también hay mucho calor y humedad en el verano.

Ahora, les presentamos la mejor parte del programa: "10 consejos para visitar China". Debido a que Ling sólo habla chino, entonces representará por medio de su actuación cada consejo, y yo les traduciré la información.

(Durante la siguiente sección, Ling actuará los consejos mientras el reportero traduce).

1.er CONSEJO ACTUADO:
Ling simula manejar una bicicleta y luego se tira al suelo dramáticamente, haciendo parecer que fue atropellado por un autobús.

TRADUCCIÓN DEL REPORTERO:
Los autobuses controlan las calles en China, entonces no querrá manejar bicicleta en la ciudad, como muchos chinos lo hacen.

2.º CONSEJO ACTUADO:
Ling saca una libreta de la bolsa y con su dedo índice hace una señal como si hubiera descubierto algo.

TRADUCCIÓN DEL REPORTERO:
Lleve un diccionario bilingüe chino-español, pues la mayoría de habitantes no habla español.

3.er CONSEJO ACTUADO:
Ling saca un pañuelo de la bolsa y lo tira a un lado, indicando que no lo necesita, luego simula escupir en el piso.

TRADUCCIÓN DEL REPORTERO:
Escupir en el piso y sonarse la nariz con las manos en público es aceptado y muy común.

4.º CONSEJO ACTUADO:
Ling saca la lengua y saluda.

TRADUCCIÓN DEL REPORTERO:
No se sorprenda si alguien saca la lengua mientras lo saluda; es como decir: "Hola".

5.º CONSEJO ACTUADO:
Ling saca con rapidez un par de palillos chinos de la bolsa y los mueve como si fueran espadas.

TRADUCCIÓN DEL REPORTERO:
Antes de venir, aprenda a usar los palillos, ¡o traiga su propio tenedor!

6.º CONSEJO ACTUADO:
Ling hace una "X" con los palillos para decir: "¡No!"

TRADUCCIÓN DEL REPORTERO:
No deje los palillos chinos en su plato, pues se considera algo muy descortés.

7.º CONSEJO ACTUADO:
Ling saca el queso de la bolsa y comienza a comérselo mientras lo cubre con la otra mano.

TRADUCCIÓN DEL REPORTERO:
No coma queso en público. Muchos chinos consideran desagradables los lácteos.

8.º CONSEJO ACTUADO:
Ling saca un pollo de hule de la bolsa, señala las patas, y luego lame sus labios en referencia a algo sabroso y al final se frota el estómago.

TRADUCCIÓN DEL REPORTERO:
Pruebe comer patas de pollo, ¡son muy sabrosas!

9.º CONSEJO ACTUADO:
Ling saca una galleta de la fortuna y la tira a un lado.

TRADUCCIÓN DEL REPORTERO:
No pida en un restaurante *Chop Suey, chow mein* o galletas de la fortuna.
Éstos fueron inventados en los Estados Unidos y no se conocen en China.

10.º CONSEJO ACTUADO:
Ling cruza los pies de una manera ultra relajada.

TRADUCCIÓN DEL REPORTERO:
Prepárese para tomar las cosas con calma y relajarse. Así actúan los chinos.
Al parecer, Ling ya está listo para irse a casa y tomar una siesta. Gracias, Ling

(El reportero se inclina, Ling se levanta y se inclina. Luego sale).

REPORTERO - NENNERD NIL:
¿Qué hacen los chinos durante el día? La mayoría trabaja en fábricas de ropa y otros artículos. Algunos chinos tienen empleos más tradicionales, por ejemplo, en los campos de cultivo de arroz.

Aunque China aparenta ser una nación libre, todavía existen muchas limitantes.

China no es un lugar apacible para los creyentes. Las iglesias cristianas son subterráneas o funcionan en secreto en hogares, a fin de que no los descubra la policía y los metan en la cárcel.

En Estados Unidos, disfrutamos de paz y libertad para adorar a Dios. Oremos por la gente de China, a fin de que sean valientes y estén a salvo cuando compartan la Palabra, adoren y sirvan a Dios.

Soy Nennerd Nil y me despido, recordándoles a los superniños de todo el mundo:
¡Dios es extraordinario y USTEDES también!

(Sale el reportero).

Academia de Superniños • Vol. 2/5.ª semana • Paz

OFRENDA — ALGO IMPORTANTE QUE RECORDAR

Tiempo necesario: 10 minutos

Versículo para recibir la ofrenda: «...acuérdate de Jehová tu Dios, porque él te da el poder para hacer las riquezas». (Deuteronomio 8:18a)

Implementos: ■ Una bolsa que contenga de 10 a 20 objetos (Ej. peine, collar de perro, lápiz, pelota, etc.). ■ Una mesa para colocar todos los artículos, ■ Un cronómetro (o un reloj con segundero).

Instrucciones para recibir la ofrenda:

Tener buena memoria es muy importante.

Pregunte ¿Alguna vez alguien ha olvidado algo?

- Quizá tenían un examen para el que necesitaban estudiar, y cuando llegaron a la escuela se recordaron de que la noche anterior estaban jugando, en lugar de estudiar sus apuntes. Hoy, tengo una prueba que me gustaría que alguien intentara realizar, alguien que piense que tiene muy buena memoria.

Pregunte ¿Hay algún cadete que esté dispuesto a ayudarme con esta prueba?

- La prueba es la siguiente: En un minuto sacaré todo lo que hay en esta bolsa y lo pondré sobre la mesa. Tendrás 90 segundos para ver lo que hay en ella antes de que los guarde de nuevo. Después, quiero saber cuántas cosas puedes recordar. ¿Estás listo?

- (Vacíe la bolsa sobre la mesa y ponga a correr el cronómetro. Haga la cuenta regresiva en los últimos diez segundos y vuelva a colocar las cosas dentro de la bolsa).

- Ahora, veamos qué tan buena memoria tienes; dime qué hay en la bolsa. (Saque los objetos cuando el voluntario los mencione). ¿Fue un poco difícil recordar todo? Muy bien. Gracias por ayudarme con esta prueba.

- Cadetes, recordar qué hay en una bolsa no es importante, pero hay algunas cosas que sí son importantes de recordar. Escuchen: «...*acuérdate de Jehová tu Dios, porque él te da el poder para hacer las riquezas*» (Deuteronomio 8:18). En ese versículo, se nos enseña que nunca olvidemos de dónde vienen las buenas cosas a nuestra vida; es decir, de nuestro Dios, quien siempre nos está ayudando.

Pregunte ¿Cómo nos ayuda Dios?

- Él ayuda a nuestra familia para que esté saludable y feliz. También los ayuda con su tarea. Él se asegura de que tengan comida y ropa.

Pregunte ¿Hay algún superniño que recuerde otras formas en las que Dios nos ayuda?

- (Déles a los cadetes la oportunidad de compartir y discutir sus respuestas).

- Cielos, cuando meditamos en todas esas cosas, vemos que es importante recordarlas. Cuando recordamos a Dios, nuestro corazón se siente feliz y queremos darle algo a Aquel que siempre está para nosotros. Aquel que nos da todo lo que necesitamos para hacer las riquezas: ¡A NUESTRO DIOS!

Serie: El fruto del Espíritu

Paz • Vol. 2/5.ª semana • Academia de Superniños

BOSQUEJO DE LA LECCIÓN — PAZ

 Versículo para memorizar: «Así experimentarán la paz de Dios, que supera todo lo que podemos entender. La paz de Dios cuidará su corazón y su mente mientras vivan en Cristo Jesús».

(Filipenses 4:7, *NTV*)

I. JESÚS Y SUS DISCÍPULOS ENFRENTARON UNA GRAN TORMENTA Marcos 4:36-39

a. La tormenta era tan fuerte que los discípulos tuvieron miedo de perder la vida.

b. Jesús tenía tanta paz que estaba tomando una maravillosa siesta.

c. Jesús le ordenó a la tormenta que se apaciguara, y todo se calmó.

d. Los discípulos dejaron que la tormenta los controlara, pero Jesús permitió que la paz lo controlara a Él.

II. LA PAZ ES UN FRUTO SOBRENATURAL

a. Cuando Jesús permitió que fluyera la paz de Dios que se encontraba en Él; se detuvo la tormenta.

b. Algunas veces las circunstancias difíciles se sienten como si fueran grandes tormentas.

c. Con la paz de Dios, tenemos todo lo que necesitamos, nada nos falta Filipensess 4:7

III. CON EL ESPÍRITU SANTO A CARGO, LA PAZ GOBIERNA NUESTRA MENTE Romanos 8:6

a. Jesús nos dio Su misma paz para que la usemos Juan 14:27

b. Él nos instruyó para que no permitiéramos que nuestro corazón se turbara o tuviera miedo.

c. Permitan que Su paz gobierne su corazón, así como cuando un rey tiene el mando Colosenses 3:15

Una palabra de la comandante Kellie: La paz es una maravillosa fuerza que los superniños deben comprender y poner en práctica. Ésta, unida al gozo, puede ayudarlos a enfrentar una situación difícil. Así como leemos en Marcos 4:36-39, podemos tener calma en medio de una tormenta. Sin importar qué caos esté ocurriendo allá afuera, podemos estar tranquilos y sentir en nuestro interior una sensación de orden, la cual nos ha dado Dios.

Otra cosa que me gusta enseñarles a los niños en esta lección es que deben ser guiados por el Espíritu. Podemos explicarles que examinen su corazón, a fin de ver qué les está diciendo la paz. Si seguimos la paz, dejaremos que ésta gobierne o tome las decisiones. Por ejemplo, ¿debemos ir a la casa de un amigo? ¿Debemos ver ciertos programas en la televisión o en la Internet? ¿Debemos salir con cierta persona? ¡Qué poderosa sabiduría se encuentra disponible para los superniños que aprenden a examinar su corazón y seguir la paz de Dios!

Notas: _____

Serie: El fruto del Espíritu

Academia de Superniños • Vol. 2/5.ª semana • Paz

LECCIÓN PRÁCTICA: SIN QUE NADA FALTE

Tiempo necesario: 5-8 minutos

Versículo clave: "Les dejo un regalo: paz..." *(paráfrasis del autor)*. (Paz significa: sin que nada falte o esté incompleto).

(Juan 14:27)

Consejo para el maestro: Por seguridad, si usted decide permitirles probar o tocar los alimentos, es importante que les pregunte a los niños si son alérgicos a algún alimento.

Implementos: ☐ Unas rodajas de jamón, ☐ 2 rodajas de queso, ☐ 1 tomate en rodajas, ☐ 2 hojas de lechuga, ☐ mostaza.

Antes de la actividad:

- Exhiba los productos del sándwich sobre la mesa.
- Se ha omitido a propósito el pan en los ingredientes, a fin de retar al voluntario en la actividad.
- Escoja un voluntario para ayudarlo con la demostración.
- Permita que el estudiante empiece a hacer el sándwich para que descubra cuál es el ingrediente que falta.

Instrucciones de la lección:

Necesito a alguien que sepa hacer un sándwich, y que además, tenga mucha hambre. *(Escoja un voluntario)*. Sabes hacer un sándwich, ¿verdad? Muy bien, entonces aquí tienes lo que necesitas. Adelante, haz el sándwich. Ponle lo que tú quieras. Y cuando lo termines, puedes comértelo. *(El voluntario intentará hacer un sándwich sin el pan. Será un desastre y también será divertido verlo)*.

Pregunte **¿Qué pasa? Pensé que sabías cómo hacer un sándwich. Si tuviera tanta hambre como tú, dejaría de jugar con la comida y haría el sándwich. ¿Por qué no estás haciendo lo que te pedí? Por favor, haz el sándwich.** *(El voluntario finalmente le explicará el problema)*.

Ya entiendo, sin pan, no hay sándwich. ¿Por qué no me lo dijiste desde el principio? Un sándwich no es sándwich si no hay pan. Claro, sabía que faltaba algo...

Pregunte **¿En qué se relaciona la paz con el ingrediente que nos falta?**

- Buena pregunta. Bien, la clase de paz que Dios da significa: sin que nada falte ni esté incompleto.
- A este sándwich le faltaba algo muy importante, y a causa de eso se perdió la paz, ¿cierto? Es complicado e insensato, intentar hacer un sándwich cuando no hay pan. Sin mencionar que sin él, ¡llena menos!
- Pero con la paz de Dios, siempre tendrán lo que necesitan, no les faltarán ingredientes ni habrá partes incompletas. Entonces la próxima vez que estén haciendo un sándwich, recuerden darle gracias a Dios por brindarles Su paz, lo cual significa que nunca les faltará pan o cualquier otra cosa que necesiten.

Serie: El fruto del Espíritu

LECCIÓN 6: PACIENCIA

 BIENVENIDA Y ORACIÓN

 VERSÍCULO PARA MEMORIZAR

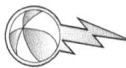 TIEMPO PARA JUGAR

 SUPLEMENTO 1: LA COCINA DE LA ACADEMIA

 OFRENDA

 ALABANZA Y ADORACIÓN

 BOSQUEJO DE LA LECCIÓN

 SUPLEMENTO 2: LECCIÓN PRÁCTICA

 ORACIÓN, ANUNCIOS, Y MATERIAL DE APOYO

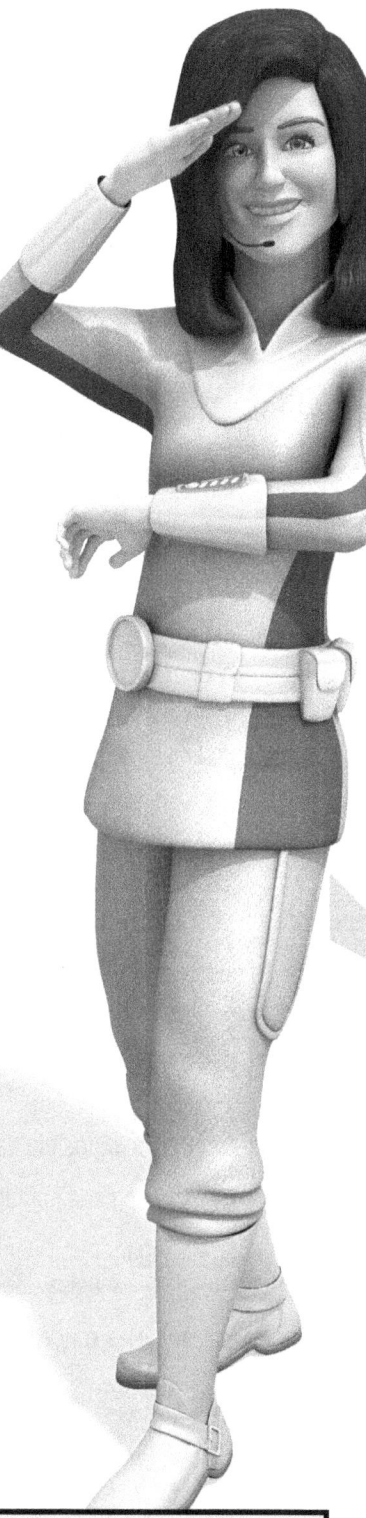

 **Versículo para memorizar:** "Tengan por seguro y comprendan que la prueba de su fe les traerá fortaleza, firmeza y paciencia".

(Santiago 1:3, *AMP*)

Serie: El fruto del Espíritu

Academia de Superniños • Vol. 2/6.ª semana • Paciencia

 **TIEMPO PARA JUGAR** — **PESCA DE DONAS**

Tiempo necesario: 6-8 minutos

Versículo para memorizar: "Tengan por seguro y comprendan que la prueba de su fe les traerá fortaleza, firmeza y paciencia".

(Santiago 1:3, *AMP*)

Consejo para el maestro: Por seguridad, si usted decide permitirles probar o tocar los alimentos, es importante que les pregunte a los niños o a los padres si son alérgicos a algún alimento.

Implementos: ■ 6 varillas de madera, ■ 1 rollo de hilo de pescar, ■ 1 paquete de pinzas plásticas para colgar ropa, ■ 12 donas, ■ música alegre de fondo.

Antes del juego:

Cree cañas de pescar con los siguientes artículos:

- Ate el hilo a un extremo de la varilla.
- Para evitar que el hilo se resbale, péguelo con pegamento.
- Ate al otro extremo del hilo una pinza de ropa.

Instrucciones del juego:

- Forme tres equipos con dos jugadores cada uno.
- Coloque un jugador de cada equipo en el escenario (Si no tiene uno, coloque a los participantes al frente del salón con una caña de pescar). Y el compañero de cada uno debe colocarse sobre sus rodillas frente al otro, a corta distacia.
- Con la pinza de ropa de cada jugador, sujete una dona. Los que se encuentran en el piso deben colocar sus manos detrás de su espalda. Si utilizan las manos para ayudar a comer la dona, el equipo será descalificado.
- El objetivo es comer tanto como sea posible de la dona antes de que la música deje de sonar.
- Este juego es un desafío, entonces cada jugador deberá tener paciencia y trabajar en equipo.
- Cuando inicie la música, cada jugador con una caña se la lanzará a su compañero. Después de un tiempo designado, indique que detengan la música, luego vea cuál equipo comió más de su dona.
- Si tiene tiempo, puede realizar varias rondas.

Objetivo del juego:

Tener paciencia, trabajar en equipo y comer tanto como se pueda de la dona en cierto tiempo designado.

Aplicación:

Tanto el deporte de pescar como "pescar personas" para compartirles del amor de Dios requieren paciencia. Incluso se necesita más de ella cuando se trata de "pescar personas", pero eso lo hace más divertido. ¡Qué maravillosa manera de practicar este grandioso fruto del Espíritu!

Serie: El fruto del Espíritu

Paciencia • Vol. 2/6.ª semana • *Academia de Superniños*

LA COCINA DE LA ACADEMIA — CÚBRANSE DE PACIENCIA

 **Tiempo necesario:** 10 minutos

 **Versículo para memorizar:** "Tengan por seguro y comprendan que la prueba de su fe les traerá fortaleza, firmeza y paciencia".

(Santiago 1:3, *AMP*)

 **Consejo para el maestro:** Cubra los ingredientes hasta que sea el momento de mostrar el ¡CHOCOLATE!

Cuando compre los ingredientes, deberá comprar doble porción de cada uno, pues necesitará realizar la receta dos veces, tanto para la demostración como para la que esté derretida y lista para comer.

Corte antes de la clase todos los ingredientes que utilizará para el aderezo.

Escoja un voluntario adulto o adolescente para que lo ayude en la demostración. Por seguridad, mantenga fuera de alcance todo lo que pueda representar un peligro y pídale a un adulto que supervise siempre los utensilios cortantes y eléctricos.

Por seguridad, si usted decide permitirles probar o tocar los alimentos, es importante que les pregunte a los niños si son alérgicos a algún alimento.

Implementos: ☐ 2 ollas medianas de cocimiento lento, ☐ 1 cuchillo de mesa para cortar los ingredientes, ☐ 1 abrelatas, ☐ 1 juego de cucharas medidoras, ☐ una tabla de picar, ☐ un cable eléctrico, ☐ palillos de dientes.

Receta:

Ingredientes: ☐ 2 onzas de chocolate sin azúcar en cuadritos, ☐ 18 onzas de chocolate semidulce en cuadritos, ☐ 1 lata de 14 onzas de leche condensada, ☐ 1/2 cucharadita de vainilla, ☐ 4 onzas de chocolate blanco finamente picado, ☐ sugerencias de alimentos a los que se les puede agregar el aderezo dulce: galletas, tarta en cuadritos, brownies, fresas, malvaviscos, manzanas.

Antes de la actividad:

En una olla combine el chocolate sin azúcar, el chocolate semidulce y la leche condensada. Mézclelos bien. Cubra y cocine en el nivel más bajo de cocimiento hasta que el chocolate esté derretido, aproximadamente por una hora. Agite bien y agréguele la vainilla. Esparsa el chocolate blanco sobre la mezcla derretida, cúbralo y deje cocinar de 10 a 12 minutos en el nivel más bajo de cocimiento, hasta que esté derretido. Revuelva suavemente a fin de lograr un efecto marmolado.

Para que le dé tiempo de terminar la primera parte, empiece a realizar la receta antes de la clase. Agregue el chocolate blanco unos minutos antes de empezar la lección.

Notas: _____

Serie: El fruto del Espíritu

Academia de Superniños • Vol. 2/6.ª semana • Paciencia

Instrucciones de la lección:

Hola, cadetes. Hoy, prepararemos algo dulce que a todos nos gusta comer.

Pregunte **¿Puede alguien adivinar cuál es el ingrediente principal?**

Exacto: ¡CHOCOLATE! Hay dos clases: el normal y el blanco. (Quite la servilleta para mostrar los ingredientes).

Pregunte **¿Hay algún superniño que le guste el sabor del chocolate más que cualquier otra cosa?**

- (Escoja a uno de los niños mayores que en realidad desee ser elegido. Explíquele que no se comerá el chocolate, sino que primero debe ayudarle a prepararlo). Pídale que le ayude a picar el chocolate. Hable con los niños de todas las presentaciones que tiene el chocolate: en barra, derretido, trocitos; pero que también es muy delicioso cuando lo derrite y puede cubrir de chocolate algunos de sus alimentos favoritos. (Enfatice lo sabrosas que son las cosas cubiertas de chocolate). Pídale a su ayudante que combine el chocolate sin azúcar, el chocolate semidulce y la leche condensada y que los mezcle bien. Luego agréguele la vainilla y el chocolate blanco. Póngalo a fuego lento y colóquele la tapadera.

- Muy bien, superniños, ¿saben qué cubriremos con chocolate? ¿Creen que están listos para disfrutar de esta maravillosa bendición de chocolate? Indíquele a su ayudante que use el cuchillo de mesa para cortar lo que va a colocar dentro del chocolate. Cuando termine, déle los palillos y pídale que sumerja algunos de ellos en el chocolate derretido, cubriéndolos por completo. Pídale a su ayudante que escoja algunos voluntarios para que pasen a comer. (En ese momento, se darán cuenta que el chocolate no está derretido, entonces no podrán hacer lo que les pidió). Pregúnteles si siguieron sus instrucciones y repítaselas una vez más. En este punto, explíqueles que se le olvidó agregar el último ingrediente: ¡PACIENCIA! Pregúnteles si desean tirar el chocolate, pues todavía no está derretido. Enséñeles que deben tener paciencia cuando están derritiendo chocolate. Si se derrite muy rápido, éste puede quemarse y tener un sabor desagradable. No obstante, si lo hace despacio y con la temperatura correcta, éste transformará un simple malvavisco en algo muy delicioso. ¿Están listos para usar su paciencia y esperar a que se derrita, a fin de compartir entre todos?

- Esto me recuerda lo que aprendimos hoy: no debemos rendirnos ni tirar nuestra promesa de chocolate. Actuemos igual que Abraham, él sabía que Dios le había prometido grandes cosas, pero era necesario que tuviera paciencia para vivir conforme a ello. La fe de Abraham iba creciendo poco a poco... mientras su paciencia obtenía un verdadero resultado. Y la promesa de Dios se cumplió justo a tiempo.

- Pídale a un ayudante adulto que le lleve la receta ya derretida (pídale que antes de llevársela, esparsa el chocolate blanco para crear el efecto marmolado), luego solicítele a su ayudante que vea dentro de la olla. Pídale que le explique qué ve él. Ahora bien, el chocolate blanco se añadió al final para recordarles cómo obran la fe y la paciencia cuando las unen. Esa mezcla creó algo muy bonito, y ahora está completa.

- Siempre recuerden: No tiren su fe, sólo pónganla en práctica con la paciencia y otros deliciosos acompañantes... ¡ÉSTA FUNCIONA!

Notas:

Paciencia • Vol. 2/6.ª semana • Academia de Superniños

OFRENDA: MANTENGA SU FE ENCENDIDA

Tiempo necesario: 10 minutos

Versículo para recibir la ofrenda: «Mas tenga la paciencia su obra completa, para que seáis perfectos y cabales, sin que os falte cosa alguna». (Santiago 1:4)

Consejo para el maestro: Escoja un voluntario adulto o adolescente para que lo ayude en la demostración.

Por seguridad, mantenga fuera de alcance todo lo que pueda representar un peligro, y pídale a un adulto que supervise siempre los utensilios cortantes y eléctricos.

Implementos: ☐ 1 tetera, ☐ 1 pichel de agua, ☐ 1 bolsa de té, ☐ 1 taza y 1 plato pequeño, ☐ 1 hornilla eléctrica.

Instrucciones para recibir la ofrenda:

¡Hola, cadetes!

Pregunte ¿Ha estado alguna de las niñas en una fiesta de té?

Quizá los niños no, pero creemos que la mayoría sí ha visto a alguien haciendo un té.

Pregunte ¿Puede alguien decirme cuál es el primer paso en el proceso de hacer té?

- ¡Correcto! Primero, vertemos agua en la tetera. Luego encendemos la hornilla eléctrica y colocamos ahí la tetera.
- ¿Han notado que cuando tenemos prisa pareciera como si el agua tardara más en hervir? Quizá no tengamos paciencia, entonces apagamos la hornilla y nos vamos.

Pregunte Si actúan de esa forma, ¿creen que podrán disfrutar de una taza de té caliente? No.

- Superniños, ¿se dan cuenta que confiar en Dios es como hacer una taza de té?
- Cuando damos nuestra ofrenda es como si llenáramos de agua la tetera. Cuando usamos nuestra fe y le pedimos a Dios algo que necesitamos, es como encender la hornilla. Y para que el agua hierva, debemos dejar encendida la hornilla. Entonces para ver resultados, debemos dejar encendida nuestra fe. No sean impacientes si nada está ocurriendo. Si somos impacientes, nuestra fe se apaga. En lugar de ello, póngale fuego alto a su fe.

Pregunte ¿Cómo podemos ponerle fuego alto a nuestra fe?

- Agradeciéndole diario a Dios por cuidarnos y por asegurarse de que tengamos todo lo que necesitamos.

Notas:

Serie: El fruto del Espíritu

Academia de Superniños • Vol. 2/6.ª semana • Paciencia

BOSQUEJO DE LA LECCIÓN — PACIENCIA

 **Versículo para memorizar:** "Tengan por seguro y comprendan que la prueba de su fe les traerá fortaleza, firmeza y paciencia".

(Santiago 1:3, *AMP*)

I. LA PACIENCIA DEMUESTRA QUE NUESTRA CONFIANZA ESTÁ EN DIOS

a. Vivimos en un mundo muy impaciente. Las personas desean todo de prisa, ¡en ese mismo momento!
b. Cuando somos pacientes, dejamos que Dios obre en nuestra vida.
c. La Palabra de Dios nos da la esperanza y el ánimo que la paciencia necesita Romanos 15:4-5
d. Si se lo permitimos, la paciencia obrará de forma perfecta para que seamos plenos Santiago 1:4

II. DIOS NOS PIDE QUE SEAMOS PACIENTES UNOS CON OTROS Colosenses 3:12-13

a. Hay momentos en los que necesitamos ser pacientes con nuestra familia.
b. Algunas veces, es más fácil ser impacientes con nuestros seres queridos.
c. En la Biblia se nos enseña que debemos comprender las faltas de otros Efesios 4:2

III. NECESITAMOS DEL FRUTO DE LA PACIENCIA, A FIN DE QUE NUESTRA FE OBRE Hebreos 6:12

a. Abraham tenía sorprendentes promesas de parte de Dios Génesis 12:2
b. Sin paciencia, la fe de Abraham se hubiera rendido Hebreos 6:15
c. Debemos seguir el ejemplo de Abraham, y aferrarnos a las promesas de Dios.
d. No desechen su fe (confianza), pongan en práctica la paciencia, ¡ésta funciona! Hebreos 10:36

Una palabra de la Comandante Kellie: Siempre me ha gustado preguntarles a los niños dónde es necesaria la paciencia; y básicamente, las respuestas se resumen en dos categorías: paciencia hacia las personas y para usar la fe. Parecen tan diferentes, pero la clave consiste en comprender que se requiere de la misma paciencia. Sabemos que necesitamos ser pacientes cuando le estamos creyendo a Dios por algo; sin embargo, no usamos una clase de paciencia para esperar esa respuesta, y otro tipo, cuando esperamos que mamá prepare la cena. El secreto para edificar nuestra paciencia (al igual que un culturista con sus músculos) es <u>practicarla</u> mientras estamos a la espera de la cena. Al parecer no tienen relación alguna, pero es la misma fuerza interior que se necesita para ambos ejemplos. Las personas tienden a ser más impacientes con sus propios familiares que con cualquier otro. Éste es un buen momento para que anime a sus superniños a ser pacientes con su mamá, su papá y sus hermanos —mientras esperan la cena, en el automóvil ("¿Ya llegamos?")—, y con sus hermanos pequeños. En todas estas ocasiones debemos ejercitar la fuerza de la paciencia, entonces cuando la necesitemos en una batalla de la fe, ya será fuerte y se habrá desarrollado. Por cierto, me gustan mucho los mensajes que me permiten, como comandante, darles ayuda para mejorar en el hogar. Como su líder, usted también puede y debería asociarse con los padres para educar ¡maravillosos superniños!

Notas: _____

_____

LECCIÓN PRÁCTICA: DESAFÍO DE SERVICIO

 **Tiempo necesario:** 10 minutos

 **Versículo clave:** "Y enfaticen que lo realizan con humildad y disciplina... entregándose de continuo unos por otros en acciones de amor". (Efesios 4:2, MSG)

 **Consejo para el maestro:** Recuerde llevar los premios la próxima semana para quienes participaron y terminaron el desafío.

Implementos: ■ 5 sobres, ■ 5 tarjetas, ■ notas para firmas de cumplimiento.

Antes de la actividad:

Prepare 5 sobres, y dentro de cada uno coloque una tarjeta con una tarea específica:

Ej.: Lavar los platos, hacer la cama de alguien más, sacar la basura, barrer el garaje o la acera, doblar la ropa limpia.

Coloque una nota de cumplimiento dentro de cada sobre:

Ejemplo breve de la nota:

"Yo, _____, confirmo que mi hijo(a) realizó con alegría toda la semana la tarea que se le asignó, sin pedírselo". (La línea es para la firma del padre o del tutor).

Instrucciones de la lección:

- Hoy, es el día del "desafío de servicio". Si desean saber de qué se trata, escuchen lo que leemos en Efesios 4:2, MSG: "Y enfaticen que lo realizan con humildad y disciplina... entregándose de continuo por otros en acciones de amor". Me gusta la parte que declara: "Entregándose de continuo por otros en acciones de amor". Durante esta semana, estaremos aprendiendo acerca de ser pacientes; y una buena manera de practicar la paciencia es sirviendo a otros, realizando actividades para ellos.

- Realizaremos un pequeño experimento durante la siguiente semana, pero necesito cinco superniños que estén dispuestos a ser voluntarios. ¿Quienes consideran que podrían aceptar instrucciones durante toda la semana?

- *(Escoja sus voluntarios, recordando que quizá a los más pequeños les sea un poco más difícil de cumplir).*

- Cuando pensamos en la paciencia, al parecer con quienes nos es más difícil ser pacientes es con nuestra familia; es decir, nuestros hermanos, hermanas, papá y mamá. Y por lo regular, son quienes necesitan más de nuestra paciencia. Este desafío de servicio consiste en ayudarlos a ustedes a desarrollar más su paciencia hacia sus seres queridos.

- Aquí tengo cinco sobres sellados, uno para cada uno de ustedes. Adentro, encontrarán una acción especial de servicio, la cual llevarán a cabo durante toda la siguiente semana. Estas tareas no son las que hacen en la escuela, sino que son unas que ayudarán a otros. Si la que se encuentra en su sobre es una que siempre hacen, piensen en otra que puedan realizar y díganme cuál es.

- Ahora, les quiero decir algo divertido que todavía no les he explicado. En realidad, hay DOS papeles en su sobre, uno con su tarea y otro donde debe firmar su padre o madre; asegurando que realizaron la tarea todos los días, y que además, mostraron una buena actitud. Si lo traen firmado la siguiente semana, les tengo un regalo especial. Pero ¿saben cuál es la mejor parte de este desafío? Estarán recogiendo una gran cosecha del fruto de la paciencia que toda su familia disfrutará. ¡Qué maravilloso trato recibirán todos!

Serie: El fruto del Espíritu

Notas:

LECCIÓN 7: BENIGNIDAD

 **BIENVENIDA Y ORACIÓN**

 **VERSÍCULO PARA MEMORIZAR**

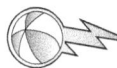 **TIEMPO PARA JUGAR**

 **SUPLEMENTO 1: DRAMA**

 **OFRENDA**

 **ALABANZA Y ADORACIÓN**

 **BOSQUEJO DE LA LECCIÓN**

 **SUPLEMENTO 2: LECCIÓN PRÁCTICA**

 **ORACIÓN, ANUNCIOS, Y MATERIAL DE APOYO**

 **Versículo para memorizar:** «como también yo en todas las cosas agrado a todos, no procurando mi propio beneficio, sino el de muchos, para que sean salvos». (1 Corintios 10:33)

Serie: El fruto del Espíritu

Academia de Superniños • Vol. 2/7.ª semana • Benignidad

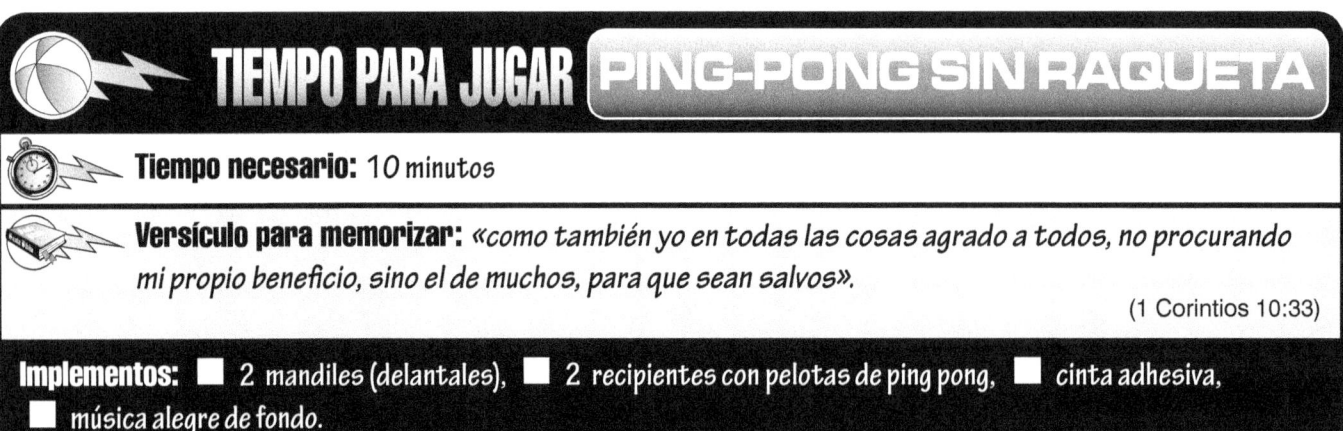

TIEMPO PARA JUGAR: PING-PONG SIN RAQUETA

Tiempo necesario: 10 minutos

Versículo para memorizar: «como también yo en todas las cosas agrado a todos, no procurando mi propio beneficio, sino el de muchos, para que sean salvos».

(1 Corintios 10:33)

Implementos: ☐ 2 mandiles (delantales), ☐ 2 recipientes con pelotas de ping pong, ☐ cinta adhesiva, ☐ música alegre de fondo.

Antes del juego:

- Forme cuatro equipos con dos jugadores cada uno.
- Cree una línea para lanzar y otra para atrapar.
- Llene los recipientes con pelotas de ping pong.
- Dos jugadores se pondrán los mandiles mientras otros dos sostienen los recipientes.

Instrucciones del juego:

- Quienes sostengan los recipientes, lanzarán las pelotas hacia su compañero que tiene puesto el mandil.
- Quien atrape más pelotas con el mandil, sin usar sus manos, gana.

Objetivo del juego:

Es más fácil atrapar una pelota cuando se realiza un lanzamiento suave que al contrario.

Aplicación:

La benignidad es un fruto del espíritu, y una característica piadosa es saber cómo y cuándo ser amables.

Notas: _____

Serie: El fruto del Espíritu

DRAMA "ESPAÑA": CADENA INTERNACIONAL DE SUPERNIÑOS

Concepto: Un reportero viaja por el mundo, conoce personas interesantes y provee información que ayuda a comprender su cultura y su país.

PERSONAJES:
Nennerd Nil: Reportero
Torero: Miguel o María (masculino o femenino): Un(a) torero(a) español(a)
Un toro

Disfraces:
Reportero: Traje formal

Torero: Una camisa de botones con vuelos, pantalón negro (doblado hasta las rodillas), medias blancas hasta las rodillas, zapatos negros, una capa roja, un sombrero negro de torero (La mayoría de accesorios están disponibles en tiendas de artículos de segunda mano o de disfraces).
    El cabello del varón: Cabello peinado hacia atrás
    Mujer con cabello largo: Una cola baja sujetada con una cinta elástica

Toro: Pantalón negro, medias y zapatos negros; camisa negra de manga larga llena de forro de algodón (para que el toro se vea más grande); pintura negra en el rostro.

Cuernos: Pueden hacerlos dándole forma y pintando los tubos de cartón del papel higiénico, y luego pegándolos a una cinta para el cabello. (El toro puede simular sus cuernos al utilizar sus dedos índice y medio en la parte superior de su cabeza).

Consejo para el maestro: Opciones para la presentación del drama:

1. El reportero puede utilizar un tablero con una copia del guion, así le servirá de referencia para las líneas que debe decir. Resaltar las palabras clave de la historia le brindará apoyo de fácil lectura y el guion fluirá mejor.

2. Puede grabarlo antes, y presentarlo en televisión durante la clase como si fueran noticias "reales".

Consejo para involucrar a los adolescentes: Repasar el guion antes de iniciar la clase e involucrar a los adolescentes como auxiliares es una gran forma de mantener a los niños involucrados y atentos.

Implementos: ☐ 1 tablero con copia del guion para el reportero, ☐ 1 micrófono, ☐ 1 barra de chocolate, ☐ 1 bolsa grande que contenga lo siguiente: ☐ 1 traje de baño, ☐ 1 bolsa de *Taco Bell*, ☐ Un globo terráqueo o mapa mundial, ☐ 2 toallas para playa, ☐ 1 cámara, ☐ 1 etiqueta grande (hecha de cartulina) que diga US$ 100, ☐ 1 marcador negro, ☐ una revista de modas, ☐ una fruta.

Notas: _____

Academia de Superniños • Vol. 2/7.ª semana • Benignidad

(Todo empieza con el reportero ubicado en el centro del escenario, sosteniendo el micrófono; el torero a su par, luciendo muy complicado; el toro, a un lado, comiendo pasto).

REPORTERO- NENNERD NIL:
Bienvenidos a la *Cadena Internacional de Superniños*. El canal televisivo que les trae las últimas noticias de personas y lugares internacionales.
Soy Nennerd Nil, y hoy me encuentro en España.

TORERO:
¡Buenos días!

(El torero extiende su brazo con fuerza y se inclina, con una pierna detrás de la otra).

REPORTERO- NENNERD NIL:
Buenos días, torero. Hoy lunes, es el día del torero en el coliseo de Madrid y se une a nosotros un invitado muy especial, el torero Miguel (o la torera María). Y para quienes no conocen mucho de España, los toreros enfrentan toros. Torear es un deporte muy popular en España: Se ondean capas rojas frente a los toros, mientras los toreros intentan esquivarlos cuando corren hacia ellos.

(El torero silba para atraer la atención del toro, luego ondea su capa roja; el toro comienza a gruñir y a sacudir sus pezuñas, luego empieza a correr; deben actuar esto mientras el reportero continúa la presentación).

El torero que ven hoy, pertenece a los aproximadamente 39 millones de habitantes de España. La capital es Madrid, una ciudad llena de cultura, hermosos edificios de piedra y estatuas. España está en el suroeste de Europa, justo al extremo norte de África. Muchos famosos exploradores son españoles, por ejemplo: Hernán Cortés, quien fue un pionero en los viajes intrépidos a Sudamérica.

La tierra de España es verde y exuberante, cuenta con muchos viñedos y jardines, y es un hermoso lugar para visitar. El torero Miguel se ha ofrecido para ayudarnos en el siguiente segmento de nuestro reportaje: "Diez consejos para visitar España".

(El reportero se pone nervioso cuando el toro gruñe y lo ve a él, listo para atacar. El torero Miguel se encuentra detrás del reportero, intentando escapar del toro, luego levanta su dedo como si hubiera tenido una idea. El torero Miguel saca una barra de chocolate de su bolsillo trasero y se la muestra al toro. El toro empieza a correr directo hacia ellos; ambos gritan; el toro frena en el último momento, y agarra la barra de chocolate, luego sale corriendo. Tanto el reportero como el torero Miguel dan un gran suspiro de alivio).

REPORTERO - NENNERD NIL:
¡Uff! ¡Quién se imaginaría que a los toros les gusta el chocolate!
El torero Miguel actuará cada consejo, y yo les traduciré la información.

1.er CONSEJO ACTUADO:
El torero maneja un automóvil imaginario, luego sale de éste y da un paseo muy feliz.

TRADUCCIÓN DEL REPORTERO:
Puede rentar un automóvil para viajar a las áreas rurales, pero también se recomienda caminar por la ciudad. Es mucho más fácil y divertido.

2.º CONSEJO ACTUADO:
El torero Miguel dice: (con acento español)
I like cheese (Ai laik chis).

Serie: El fruto del Espíritu

TRADUCCIÓN DEL REPORTERO:
Muchos españoles hablan inglés.

EL TORERO MIGUEL: (con acento español, dice)
I like cheese.

REPORTERO - NENNERD NIL:
Creo que son las únicas palabras que sabe en inglés.
Miguel habla portugués. El portugués es parecido al español.
Este idioma se habla en el país vecino de Portugal.

3.er CONSEJO ACTUADO:
El torero saca un traje de baño de la bolsa y finge estar modelándolo.

TRADUCCIÓN DEL REPORTERO:
Si va a España en verano, lleve un traje de baño.
Tomar baños de sol es un pasatiempo favorito de los españoles.

4.º CONSEJO ACTUADO:
El torero saca una bolsa de *Taco Bell* de la bolsa, la mira y
luego la lanza a un lado.

TRADUCCIÓN DEL REPORTERO:
La comida española no es comida mexicana. Entonces esté preparado para saborear
algunos alimentos diferentes.

5.º CONSEJO ACTUADO:
El torero saca un globo terráqueo o mapa del mundo de la bolsa, señala dónde se encuentra
España, y luego México, indicando que en definitiva no se encuentran en la misma área.

TRADUCCIÓN DEL REPORTERO:
A los españoles no les gusta que se refieran a ellos como mexicanos. Son países distintos.

6.º CONSEJO ACTUADO:
El torero Miguel muestra lágrimas cuando señala su camisa y pantalón.

TRADUCCIÓN DEL REPORTERO:
NO intenten practicar este deporte. ¡Es muy peligroso!

7.º CONSEJO ACTUADO:
El torero saca una revista de modas de la bolsa, y comienza a hojearla.

TRADUCCIÓN DEL REPORTERO:
Debido a que España forma parte de Europa, la mayoría se viste como europeos.

8.º CONSEJO ACTUADO:
El torero saca una cámara fotográfica de la bolsa, y comienza a tomar fotografías.

TRADUCCIÓN DEL REPORTERO:
Asegúrese de realizar un recorrido por la ciudad. Hay muchos sitios históricos por visitar.
Puede ir a Barcelona, lugar donde se realizaron los juegos olímpicos de 1992.

9.º CONSEJO ACTUADO:
El torero saca de la bolsa un rótulo grande de precios,
luego escribe un precio más bajo en la etiqueta.

TRADUCCIÓN DEL REPORTERO:
Mientras va de compras por los mercados, considere negociar los precios.
Esto significa que puede pedir rebajas.

10.º CONSEJO ACTUADO:
El torero se recuesta sobre su capa, saca una fruta de la bolsa y comienza a comerla, luego se queda dormido mientras el reportero sigue hablando.

TRADUCCIÓN DEL REPORTERO:
¡Aprenda a relajarse! Los españoles saben cómo tomar todo con calma. Por las tardes, muchas tiendas y negocios cierran por algunas horas para almorzar y tomar una siesta. ¡Ése es un buen descanso en el almuerzo!

Gracias, Miguel. Agradecemos tu ayuda. ¿Miguel?

(El torero sigue durmiendo).

REPORTERO - NENNERD NIL:
Los españoles tienen la libertad de escoger a quién adoran. Aunque son libres de hacerlo, hay muchos que no conocen a Jesús como su Señor y Salvador. Oremos por los cristianos en España, a fin de que puedan tener la sabiduría y la amabilidad necesaria para guiar a nuevos hermanos y hermanas hacia Jesús.

Soy Nennerd Nil y me despido, recordándoles a los superniños de todo el mundo que:
¡Dios es extraordinario y USTEDES también!

(Sale el reportero).

Notas:

Benignidad • Vol. 2/7.ª semana • Academia de Superniños

 **OFRENDA** — **UN TESORO DIFERENTE**

 **Tiempo necesario:** 10 minutos

Versículo para la ofrenda: «*No os hagáis tesoros en la tierra, donde la polilla y el orín corrompen, y donde ladrones minan y hurtan; sino haceos tesoros en el cielo, donde ni la polilla ni el orín corrompen, y donde ladrones no minan ni hurtan*». (Mateo 6:19-20).

Implementos: ☐ 1 mapa del tesoro (Puede hacer uno siguiendo las instrucciones abajo descritas) ☐ 1 caja del tesoro (incluya objetos viejos dentro de la caja).

Antes de la ofrenda:

Fabrique tesoros viejos:

Coloque joyería de utilería dentro de agua para darle la apariencia de viejo y oxidado; córtele pequeños agujeros a ropa sucia y vieja para que aparenten ser agujeros de palomillas; incluya una cartera o billetera vieja y vacía, coloque monedas falsas alrededor de la caja. Un viejo mapa del tesoro puede hacerse al sumergir un rollo de papel pergamino en té durante unos minutos.

Coloque la caja del tesoro en un lugar escondido dentro del salón, y utilice el mapa para encontrarla. Escoja a un voluntario para que lo ayude a leerlo y buscar el tesoro. Una vez que lo encuentren, diviértanse viendo los objetos que se encuentran dentro de la caja.

Instrucciones para recibir la ofrenda:

- ¡Hola, cadetes!
- Ésta es una lección muy emocionante porque hoy vamos a buscar un tesoro.

Pregunte ¿Hay algún superniño que le guste buscar tesoros escondidos?

- ¡Excelente! Veamos este viejo mapa del tesoro y busquemos el tesoro escondido. Después de encontrarlo, pueden divertirse viendo y sacando lo que se encuentra dentro. (Use cierto tiempo para conversar acerca de cada tesoro, y deje que los cadetes utilicen su imaginación con cada uno).

- Buscar el tesoro y ver qué había en la caja, me recuerda nuestro versículo de hoy: «*No os hagáis tesoros en la tierra, donde la polilla y el orín corrompen, y donde ladrones minan y hurtan; sino haceos tesoros en el cielo, donde ni la polilla ni el orín corrompen, y donde ladrones no minan ni hurtan*» (Mateo 6:19-20).

Pregunte Entonces superniños, ¿a qué clase de tesoros creen que se refería Jesús en este pasaje bíblico?

- (Permita que los cadetes compartan sus ideas y las discutan).

- Este tesoro se parece al que Jesús se refería. Él nos indicó que no atesoremos cosas en la Tierra porque éstas se oxidan, se gastan, incluso se las roban. En lugar de ello, nos enseñó que hiciéramos tesoros en el cielo.

Pregunte ¿Acaso estaba Jesús diciéndonos que enviáramos nuestros tesoros en una gran caja al cielo? ¿Acaso el cartero entrega cosas en el cielo?

- No, Jesús nos estaba instruyendo para que no nos preocupáramos por las cosas en la Tierra, sino que buscáramos tesoros que duraran para siempre. ¿Qué clase de tesoro es? ¡Las personas! Ellas duran para siempre.

- Cuando le compartimos a otros de Jesús y de Su bondad, querrán entregarle su corazón al Señor. Ellos se convertirán en un tesoro que durará toda la vida. Entonces mientras traigan su ofrenda, recuerden que hay algo más que pueden dar. Pueden darle la oportunidad a alguien de convertirse en miembro de la familia de Dios, y con certeza, eso vale más que joyería vieja y oxidada o que una billetera vacía. ¡Es un tesoro que dura para siempre!

Serie: El fruto del Espíritu

Academia de Superniños • Vol. 2/7.ª semana • Benignidad

BOSQUEJO DE LA LECCIÓN — BENIGNIDAD

Versículo para memorizar: «*como también yo en todas las cosas agrado a todos, no procurando mi propio beneficio, sino el de muchos, para que sean salvos*».

(1 Corintios 10:33)

I. BENIGNIDAD: NEGARSE A SÍ MISMO PARA SUPLIR LAS NECESIDADES DE OTROS

a. Cuando escogen la benignidad, las necesidades de otros se vuelven más importantes que las suyas.
b. Benignidad es entregarse a sí mismo o dar su tiempo (para servirle a otros).
c. Es una prueba externa (del fruto) que demuestra que el Espíritu Santo vive en nosotros   2 Corintios 6:6

II. JESÚS SE ENCONTRABA LLENO DE BENIGNIDAD

a. Jesús <u>benignamente</u> se despojó de Su lugar en el cielo por el bienestar de otros   Filipenses 2:6-8
b. Él es rico en benignidad   Efesios 1:7
c. Seguimos el ejemplo de Jesús cuando somos amables con otros   Efesios 4:32

III. SOMOS IGUAL QUE ÉL

a. Nosotros vivimos como Jesús en este mundo   1 Juan 4:17
b. La mayor expresión de benignidad es guiar a otros hacia Jesús   1 Corintios 10:33
c. La benignidad evita que pensemos sólo en nosotros mismos. Usted cuida de otros, y ¡Dios cuidará de usted!

Una palabra de la comandante Kellie: Durante las siguientes semanas, los niños comenzarán a comprender la diferencia entre benignidad, amabilidad y bondad. Al pronunciarlas se parecen mucho, pero tienen funciones muy diferentes. La benignidad es un fruto que va en contra del egoísmo. Usted no puede pensar en lo que quiere o necesita cuando este fruto se encuentra activo. La benignidad hará que un superniño regale su última galleta, le dé lo mejor a alguien; irán en contra de sus propias comodidades con el fin de ayudar a otros. Éste es un buen momento para contar su testimonio personal de benignidad, tanto de usted hacia otros como de otros hacia usted. Pídales a los niños que piensen dónde pueden demostrar benignidad. ¡Quizá lo sorprendan! Luego pregúnteles qué resultados podrían obtener al aplicar la benignidad con su familia y amigos. Me gusta darles un reto a nuestros superniños para que pongan en práctica la benignidad y no el egoísmo. Haga que le expresen al Señor que vivirán en benignidad y que serán ¡grandes representantes del Señor Jesús!

Notas: _____
_____
_____
_____

Serie: El fruto del Espíritu

Benignidad • Vol. 2/7.ª semana • *Academia de Superniños*

LECCIÓN PRÁCTICA — UN BUEN GUÍA

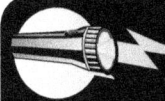

Tiempo necesario: 10 minutos

Versículo clave: "Mi interés es que cuiden el rebaño con la misma diligencia que lo hace un pastor... no de manera autoritaria, diciéndole a otros qué deben hacer, sino mostrándoles el camino con ternura".
(1 Pedro 5:2-3, MSG)

Implementos: ☐ 1 rienda para caballo y una soga (Puede utilizar una soga en ambos escenarios, si no tiene rienda).

Instrucciones de la lección:

Pregunte ¿Alguna vez ha montado alguien un caballo?

Pregunte ¿Tiene alguien su propio caballo?

- *(Si tiene la bendición que un niño o niña tenga un caballo, invítelo para que lo ayude a enseñar la lección).*
- Hoy trajimos algunas herramientas que nos ayudan para montar a caballo.

Pregunte ¿Puede alguien decirnos cuáles son y para qué sirven?

- *(Sostenga la rienda y la soga para que las vean los cadetes. Dé tiempo para que conversen al respecto).*
- ¡Correcto! La primera es una rienda. Ésta se utiliza cuando se monta el caballo. Y con ella podemos escoger qué dirección tomar, en lugar de permitirle al caballo que él decida.
- La segunda es una soga. Algunas veces la utilizan para guiar al caballo y la atan alrededor de su cuello. Por lo general, usar una soga no es tan eficaz como una rienda.
- Ahora, veamos cómo encajan estas herramientas en nuestro versículo de hoy, 1 Pedro 5:2-3: *"Mi interés es que cuiden el rebaño con la misma diligencia que lo hace un pastor... no de manera autoritaria, diciéndole a otros qué deben hacer, sino mostrándoles el camino con ternura"*.
- ¿A cuántos niños les gusta que alguien sea muy autoritario, y les diga qué tienen que hacer? Ellos nunca sugieren las cosas, sólo tratan de darles órdenes. ¿Les inspira esa persona para obedecerle en todo lo que dice? ¿Se sienten muy felices cuando reciben sus órdenes? Pues bien, hay algunos líderes que tratan un poco a los demás como si fueran caballos. Ellos obligan a sus amigos a realizar lo que desean, siempre buscando llevar a cabo todo a su manera. Esa actitud es como si la persona atara una soga alrededor del cuello del caballo y lo arrastrara. Sin embargo, también he visto buenos jinetes que utilizan la rienda. Ellos poseen una delicada manera de guiar a la gente en la dirección correcta.
- Dios nos creó a cada uno para que seamos líderes. Quizá lo seamos de un equipo de béisbol, de una clase de danza, de la escuela o de nuestros hermanos o hermanas más pequeños. Por tanto, contamos con el fruto de la benignidad en nuestro corazón, entonces cuando decidamos actuar conforme a éste, podremos guiar a otros a la manera de Dios, y no siendo autoritarios.

Notas: _____

_____

_____

_____

Serie: El fruto del Espíritu

Notas:

LECCIÓN 8: BONDAD

- BIENVENIDA Y ORACIÓN
- VERSÍCULO PARA MEMORIZAR
- TIEMPO PARA JUGAR
- SUPLEMENTO 1: CASO REAL
- OFRENDA
- ALABANZA Y ADORACIÓN
- BOSQUEJO DE LA LECCIÓN
- SUPLEMENTO 2: LECCIÓN PRÁCTICA
- ORACIÓN, ANUNCIOS, Y MATERIAL DE APOYO

Versículo para memorizar: «cómo Dios ungió con el Espíritu Santo y con poder a Jesús de Nazaret, y cómo éste anduvo haciendo bienes y sanando a todos los oprimidos por el diablo, porque Dios estaba con él».

(Hechos 10:38)

Serie: El fruto del Espíritu

Academia de Superniños • Vol. 2/8.ª semana • Bondad

TIEMPO PARA JUGAR — LANZANDO DULCES

Tiempo necesario: 10 minutos

Versículo para memorizar: «cómo Dios ungió con el Espíritu Santo y con poder a Jesús de Nazaret, y cómo éste anduvo haciendo bienes y sanando a todos los oprimidos por el diablo, porque Dios estaba con él».

(Hechos 10:38)

Consejo para el maestro: Por seguridad, si usted decide permitirles probar o tocar los alimentos, es importante que les pregunte a los niños o a los padres si son alérgicos a algún alimento.

Implementos: ☐ 14 dulces en tira, masticables (suficiente para cada cadete), ☐ 4 recipientes de colores, ☐ lona plástica desechable, ☐ música alegre de fondo.

Antes del juego:

- Marque una línea de lanzamiento con cinta adhesiva, conos de tráfico o con tiras de dulces.
- Extienda la lona de plástico en el área de aterrizaje.
- Coloque los recipientes en diferentes lugares sobre la lona de plástico para cada concursante.

Instrucciones del juego:

- Escoja cuatro participantes, alíneelos lado a lado sobre la línea de lanzamiento, y cada uno deberá sostener una tira de dulce. Los concursantes estarán frente al área de aterrizaje.
- Cada concursante tendrá como objetivo un recipiente.
- Cuando empiece la música, cada uno deberá cortar con su boca un pedazo del dulce, luego lo lanzará a su recipiente.
- Cada vez que caiga un dulce en el recipiente, los demás gritarán: "Bondad".
- El cadete que tenga más dulces en su recipiente gana. Premie a los ganadores con un dulce en tira para que lo disfruten.

Aplicación:

"Cielos, cadetes, lograron lanzar muy lejos los dulces. La bondad se asemeja a este juego, ya que puede llegar más lejos de lo que pensamos. Quizá los dulces sean muy buenos, pero la bondad de Dios, obrando a través de nosotros, es mucho mejor y dura más que cualquier dulce". Recuérdeles a los superniños que si Jesús iba haciendo el bien por todas partes, nosotros también debemos actuar igual cada vez que tengamos la oportunidad.

Notas:

Bondad • Vol. 2/8.ª semana • *Academia de Superniños*

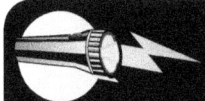 **CASO REAL — MILTON HERSHEY**

Concepto: Destacar un histórico e interesante lugar, personaje o evento que ejemplifique la lección del día. El tema de hoy es la bondad.

Disfraz: Camisa blanca de botones
Traje oscuro y corbatín
Cabello muy bien peinado

Medios de comunicación: Si tiene la disponibilidad técnica, puede descargar imágenes de Milton Hershey, de la fábrica Hershey, del pueblo Hershey, de la escuela Hershey y del parque de diversiones Hershey.

 Consejo para el maestro: Utilizar un disfraz atrae la atención del superniño. Es de gran ayuda usar imágenes cuando les enseña.

Por seguridad, si usted decide permitirles probar o tocar los alimentos, es importante que les pregunte a los niños o a los padres si son alérgicos a algún alimento.

 **Consejo para involucrar a los adolescentes:** Repasar el guion antes de iniciar la clase e involucrar a los adolescentes como auxiliares es una gran forma de mantener a los niños involucrados y atentos.

Implementos: ■ Barras grandes o pequeñas de chocolates *Hershey*.

Notas:

Serie: El fruto del Espíritu

INTRODUCCIÓN:

- Hoy, estamos aprendiendo acerca de la bondad. Jesús es el mejor ejemplo de bondad. Él compartió Su bondad sanando a los enfermos, dándoles a los necesitados y siendo amigo de todos.
- Y la persona de quien hablaremos hoy, también decidió usar el don de la bondad en su vida. Les daremos una pista.
- (Quítele el empaque a una barra de *Hershey* y mastíquela). Mmmmm. ¡Deliciosa!

Pregunte ¿Puede alguien adivinar de quién hablaremos hoy?

LECCIÓN:

¿Qué es un filántropo?

- Milton Hershey era un filántropo.

Pregunte ¿Sabe alguien qué es un filántropo?

- Un filántropo es una persona que da su dinero, bienes y servicios para bendecir a otros sin esperar nada a cambio.
- En griego, la palabra **filántropo** significa: "amar a la gente". Cuando la mayoría piensa en Hershey, lo relaciona con el chocolate. Pero Milton Hershey hizo más que sólo chocolate en los Estados Unidos; ¡él era un GRAN dador!

Acerca de Milton Hershey:

- Milton nació en 1857 en una granja en Pennsylvania. Milton tuvo que dejar la escuela en el cuarto grado, pues su familia se mudaba muy a menudo.
- Después de ello, Milton obtuvo su primer empleo. Él trabajaba para una imprenta, y le disgustaba tanto que renunció.
- Después de esa experiencia, Milton descubrió su verdadero amor: ¡las golosinas!
- Él comenzó a trabajar para una fábrica de golosinas, y le gustó tanto que decidió fundar su propio negocio.

1.er - 2.º - 3.er *strike*, quedas… ¿eliminado?

- Milton le pidió prestado dinero a su familia para iniciar su compañía de golosinas en Pennsylvania. Pero fracasó. (¡*Strike uno!*)
- Milton intentó de nuevo, pero esta vez comenzó la compañía en Chicago. Pero ésta también fracasó. (¡*Strike dos!*)
- De seguro la tercera sería un éxito, entonces empezó una nueva en la ciudad de Nueva York. Una vez más, fracasó. (¡*Strike tres!*)
- En ese punto, la mayoría se hubiera rendido, pero ¡Milton no! Él decidió regresar a su ciudad natal, Pennsylvania, donde la gente lo conocía, y lo intentó de nuevo. Y fue una gran decisión, pues a su cuarto intento ¡anotó una carrera!
- Durante los siguientes 20 años, su compañía fue un éxito total. Y es ahí donde inicia la **verdadera** historia.

La fábrica de chocolate Hershey:

- Hershey ganó mucho dinero con el éxito que tenía su compañía de caramelos, entonces compró un terreno de 40,000 acres (¡Eso es más de 30,700 campos de futbol juntos!).
- Esa tierra no era para fabricar caramelos. Milton quería producir chocolate. Por esa razón, él decidió colocar la fábrica en el centro de una área de granjas de lácteos. Esa ubicación le permitió a Milton hacer chocolates con leche de verdad, por lo cual sólo, en ese tiempo, sólo se realizaba en Suiza.

- Hershey tenía grandes sueños, él deseaba ser dueño de la primera compañía estadounidense que distribuyera un producto a toda la nación. Y para hacerlo realidad, Milton le compró a Alemania máquinas para que pudieran fabricar suficientes productos de chocolate, a fin de que los disfrutaran en cualquier lugar.
- En 1905, después de dos años de construcción, se finalizó la fábrica Hershey. Las barras de chocolate Hershey de 5 centavos se hicieron tan famosas que las llamaron: Las grandiosas barras de chocolate de Estados Unidos.

El pueblo de Hershey:

- Milton decidió construir y crear un pueblo entero, el pueblo de Hershey, Pennsylvania. Él lo construyó específicamente para las personas que trabajaban en la fábrica de chocolate. Su objetivo era construir y crear un gran lugar dedicado a sus trabajadores y familias, a fin de que pudieran ir a la escuela, tener lindos hogares para vivir y disfrutar de muchas oportunidades de recreación.
- (Por cierto, el hotel y el parque Hershey todavía prestan servicio hoy en día, si estuviera interesado en dar un paseo...).
- Milton Hershey decidió cuidar y darle valor a las necesidades de sus empleados y familias, en lugar de tener mucho dinero y cosas.

HACIENDO HISTORIA:

- Milton y su esposa, Kitty, no tuvieron hijos, pero su mayor gozo era darles a los demás. Entonces decidieron bendecir la vida de muchísimas personas con las ganancias de la fábrica de chocolate Hershey.
- De hecho, las semillas de bondad que fueron sembradas por la familia Hershey aún continúan bendiciendo a las personas de hoy en día, ¡después de más de cien años! Ésa es una buena cosecha.
- A continuación se describen las semillas de bondad sembradas por la familia Hershey:

La escuela Hershey para niños huérfanos:

- Cuando Milton y su esposa fallecieron, donaron el resto de sus activos a la escuela de niños huérfanos Hershey.
- A Milton y a su esposa les importaban los niños, y deseaban darles la oportunidad de tener éxito en la vida.

Centro médico Hershey en el estado de Pennsylvania:

- Este centro médico fue un regalo de Milton y Kitty para los ciudadanos de Pennsylvania. Se invirtieron US$50 millones para construirlo, lo cual es mucho dinero, en especial durante los años 30. Este centro fue diseñado como un hospital de enseñanza, y todavía es patrocinado por la compañía de Hershey; se necesitan más de US$50 millones para cubrir sus gastos anuales.

Agregándole un poco de dulzura a la II Guerra Mundial:

- Durante la II Guerra Mundial, Hershey deseaba alegrarles el día a los soldados con un poco de dulzura. Entonces durante toda la guerra, Milton le proveyó chocolate al ejército estadounidense. Se crearon las barras "tropicales", específicamente para los soldados, pues no se derretían en el calor.
- Al final de la guerra, Hershey les había enviado 24 millones de barras de chocolate a la semana a los soldados. Por este sobresaliente regalo, el ejército le dio una condecoración de cinco estrellas.

CONCLUSIÓN:

- La próxima vez que disfruten una barra Hershey, recuerden todas las semillas de bondad que Milton Hershey sembró y cosechó. Él sabía que el chocolate sólo duraba un momento, pero las acciones de bondad serían recordadas para siempre. Dios conoce nuestro corazón y recuerda lo que hacemos a favor de otros. Por esa razón, Milton Hershey se encuentra en nuestro caso real de hoy.

Academia de Superniños • Vol. 2/8.ª semana • Bondad

OFRENDA — ¿QUIERE ALGUIEN COMER?

Tiempo necesario: 10 minutos

Versículo para la ofrenda: "Uno de los discípulos —Andrés, hermano de Simón Pedro— dijo: 'Hay un niño que tiene cinco panes de cebada y dos peces. Pero si deseamos alimentar a toda esta multitud, eso sólo es una gota en un recipiente'".

(Juan 6:8-9, *MSG*)

Consejo para el maestro: Por seguridad, si usted decide permitirles probar o tocar los alimentos, es importante que les pregunte a los niños o a los padres si son alérgicos a algún alimento.

Implementos: ☐ 1 hielera portátil, ☐ 1 rodaja de pan, ☐ 1 paquete de atún (en bolsa).

Instrucciones para recibir la ofrenda:

- Cielos, tengo mucha hambre; de hecho, traje algo de comer. Traje mi pan favorito (huélalo). Mmmmm, huele muy bien. También tengo un poco de atún (Abra la bolsa, así el olor creará el ambiente para su historia). Delicioso pan y atún. Y ahora que lo pienso, esto me recuerda la historia que se nos relata en Juan. Ésta es muy buena, pues habla de un niño igual que ustedes. (Léales Juan 6:5-13)

- ¿Por qué es sorprendente? Dios usó el almuerzo de un niño para alimentar a miles de personas, y todavía quedó mucha comida —12 canastas llenas para ser exactos—. Pero estaba pensando, ¿qué hubiera sucedido si el niño no le hubiera dado su almuerzo a Jesús? ¿Qué habría ocurrido si él hubiera empezado a pensar: "Estoy muy hambriento, necesito comerme esta comida"? Nosotros sabemos el final de la historia, pero ese niño no sabía que Jesús alimentaría a toda una multitud con su almuerzo. Él quizá pensó que Jesús tenía hambre, y por esa razón, le llevó alimento. Analícenlo: muchas personas pudieron comer algo delicioso porque un niño decidió ser un dador, escogió llevarle lo que tenía a Jesús.

- Superniños, ¡prepárense para compartir lo que tienen! La próxima vez que sientan en su corazón el deseo de hacer algo generoso, actúen igual que ese niño con los peces. No vacilen, preséntese ante Dios y entreguen lo que tienen. Al hacerlo, el Señor convertirá lo poco en abundancia.

Notas:

BOSQUEJO DE LA LECCIÓN — BONDAD

Versículo para memorizar: «*cómo Dios ungió con el Espíritu Santo y con poder a Jesús de Nazaret, y cómo éste anduvo haciendo bienes y sanando a todos los oprimidos por el diablo, porque Dios estaba con él*».

(Hechos 10:38)

I. JESÚS TENÍA EL HÁBITO DE HACER EL BIEN Hechos 10:38

    a. La fuerza de la bondad deposita en nosotros el deseo divino de compartir nuestras posesiones.

    b. Las posesiones pueden ser dinero, alimento, ropa, juguetes; cualquier cosa que sea nuestra.

    c. Jesús andaba haciendo el bien: sanando, predicando y dándole a los pobres.

    d. Él tenía la reputación de actuar de esa manera   Juan 13:29

II. LA BONDAD ES UNA PRUEBA EXTERNA DE QUE DIOS HABITA EN NOSOTROS

    a. Cuando somos egoístas, el amor de Dios no vive en nuestro interior   1 Juan 3:18

    b. Escoger ser un dador, prueba que somos hijos de Dios —pues ¡Él es el más grande dador de todos los tiempos!—   3 Juan 11

    c. Cuando suplimos alguna necesidad, provocamos que las personas recuerden ser agradecidas con Dios   2 Corintios 9:12

III. SI SEMBRAMOS BONDAD, COSECHAREMOS BONDAD

    a. Tabita era conocida por ayudar a otros y darles a los pobres   Hechos 9:36-41

    b. Cuando se enfermó y falleció, Pedro oró por ella y sanó. ¡Qué gran cosecha!

    c. Ustedes <u>siempre</u> reciben una cosecha cuando siembran, por tanto, ¡nunca dejen de hacer el bien!   Gálatas 6:7-10

    d. Dios nos da la capacidad de ser generosos por medio del fruto de la bondad   2 Corintios 9:8

Una palabra de la comandante Kellie: La inclinación natural humana es ser egoísta, no generoso. Por esa razón, la bondad es una fuerza tan poderosa cuando surge de nuestro interior como una necesidad sobrenatural de dar. Deseo aclarar de nuevo la diferencia entre bondad y benignidad. La benignidad es servirle a otro, incluso cuando represente una desventaja. En cambio, la bondad suple las necesidades de los demás al darles de lo que tenemos. Anime a los niños para que jamás tengan temor de obedecer a Dios cuando les pida que den. Cuando Él lo hace, siempre desea recompensarlos con algo mejor. Estoy de acuerdo con el dicho: "Nadie puede dar mejor que Dios".

Notas:

Academia de Superniños • Vol. 2/8.ª semana • Bondad

LECCIÓN PRÁCTICA: EN CADA OPORTUNIDAD

Tiempo necesario: 5-8 minutos

Versículo clave: «Así que, según tengamos oportunidad, hagamos bien a todos...».
(Gálatas 6:10)

Consejo para el maestro: Por seguridad, si usted decide permitirles probar o tocar los alimentos, es importante que les pregunte a los niños o a los padres si son alérgicos a algún alimento.

Implementos: ☐ galletas de chocolate para todos, ☐ 1 vaso de leche.

Instrucciones de la lección:

- ¡Las galletas de chocolate son deliciosas! En especial con un vaso de leche.
- (Muerda una galleta y tome un poco de leche mientras continúa la lección).
- Ésta es una rica galleta, tan suave y blanda. Mmmmm. ¡Es una deliciosa galleta!
- Lo siento, casi olvido por qué estoy aquí al frente. Se supone que debo compartirles un versículo. En Gálatas 6:10, leemos: «Así que, según tengamos oportunidad, hagamos bien a todos...». Ése es un excelente versículo. Eso significa que en cualquier oportunidad que tenga, debo ser bueno con los demás. Y sin duda, cada vez que tengo la oportunidad soy bueno con otros y verificar que (Continúe hablando de cómo obedece usted ese pasaje bíblico hasta que logre que los niños empiecen a decirle que no está compartiendo sus galletas).

Pregunte ¿Le gusta a alguien las galletas con chispas de chocolate hechas en casa?

- Creo que a muchos de ustedes sí les gustan. Podría compartiles unas cuantas galletas, pero no tengo muchos deseos de hacerlo. ¡Algunas veces no siento ganas de compartir!
- (Muerda otra galleta) Además, tengo mucha hambre.
- Si me comiera yo solo estas galletas, no estaría mostrándoles el bien a quienes se encuentran a mi alrededor, pues no las estaría compartiendo. Creo que no estaría aprovechando cada oportunidad para hacerles el bien a los demás. Y eso incluye las cosas buenas que tenemos, ¿verdad? Muy bien, este versículo me ha recordado qué debo hacer, así que ahora mismo cambiaré de actitud.
- Nosotros deseamos ser como Jesús y hacer lo bueno en cada oportunidad que se nos presente. Y hoy la tenemos con estas galletas.

Pregunte Entonces ¿les gustaría una galleta con chispas de chocolate?

- (Comparta el resto de galletas con los cadetes).
- Esto es más divertido que comérmelas yo solo. Ahora, seré más bondadoso. De hecho, obedeceré lo que leemos en Gálatas 6:10, y haré el bien en cada oportunidad que tenga.

Notas: _____

Serie: El fruto del Espíritu

LECCIÓN 9: FE

 BIENVENIDA Y ORACIÓN

 VERSÍCULO PARA MEMORIZAR

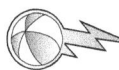 TIEMPO PARA JUGAR

 SUPLEMENTO 1: DRAMA

 OFRENDA

 ALABANZA Y ADORACIÓN

 BOSQUEJO DE LA LECCIÓN

 SUPLEMENTO 2: LABORATORIO DE LA ACADEMIA

 ORACIÓN, ANUNCIOS, Y MATERIAL DE APOYO

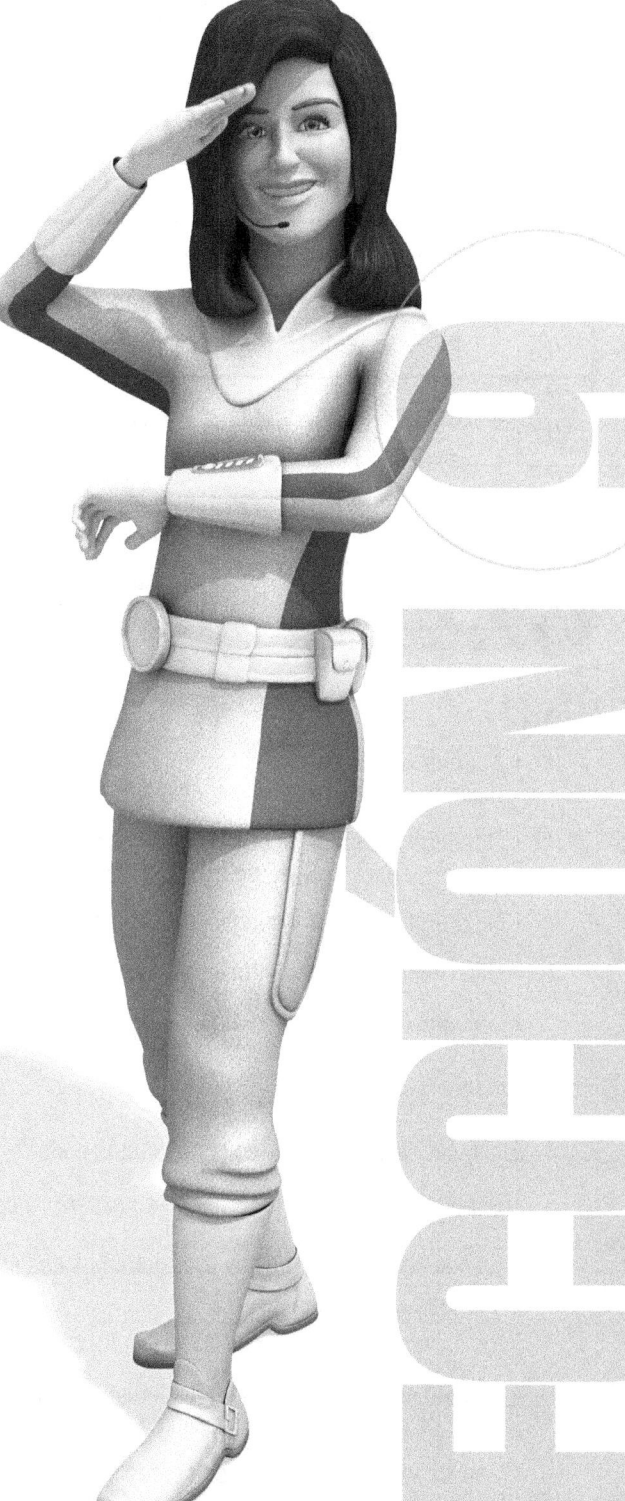

 **Versículo para memorizar:** «Es, pues, la fe la certeza de lo que se espera, la convicción de lo que no se ve».

(Hebreos 11:1)

Serie: El fruto del Espíritu

Academia de Superniños • Vol. 2/9.ª semana • Fe

TIEMPO PARA JUGAR | LANZAMIENTO DE JABALINA

Tiempo necesario: 10 minutos

Versículo para memorizar: «*Es, pues, la fe la certeza de lo que se espera, la convicción de lo que no se ve*».

(Hebreos 11:1)

Consejo para el maestro: Puede comprar las bases para sostener los *hula hoops* en una tienda de juguetes o vía Internet. También puede hacerlos de bloques de *duroport*. Corte una hendidura en la parte superior del bloque, lo suficientemente larga para colocar a presión el *hula hoop*, y esto ayudará a mantenerlo parado.

Consejo para involucrar a los adolescentes: Los adolescentes son los mejores líderes en los juegos. Como auxiliares, ayudan a mantener a los niños involucrados y atentos. También pueden desarrollar sus habilidades de liderazgo y ayudarlo en la actividad tomando el tiempo, buscando los salvavidas y levantando los *hula hoops* que caigan.

Implementos: ■ cinta adhesiva, ■ cronómetro, ■ 5-10 salvavidas largos (en forma de fideo), ■ 5 *hula hoops*, ■ 5 bases para sostener los *hula hoops*, ■ música alegre de fondo.

Antes del juego:

- Marque una línea de lanzamiento con cinta adhesiva o conos de tráfico. Coloque los *hula hoops* sobre las bases, dejando cierta distancia entre ellos, y lejos de la línea de lanzamiento.
- Dos jugadores competirán entre sí al mismo tiempo, entonces coloque los *hula hoops* de forma alternada para cada jugador y para su línea de lanzamiento específica.
- Se cronometrará a los jugadores, mientras lanzan los salvavidas a través de los *hula hoops*.
- Cada salvavidas debe atravesar el *hula hoop*, antes de lanzar otro.
- Coloque los salvavidas detrás de la línea de lanzamiento.

Instrucciones del juego:

¡Hola, cadetes! Primero, repitamos juntos nuestro versículo bíblico:

«*Es, pues, la fe la certeza de lo que se espera, la convicción de lo que no se ve*» (Hechos 11:1).

- En nuestra actividad de hoy necesitaremos dos superniños voluntarios, ellos competirán lanzando salvavidas.
- También tenemos a nuestros ayudantes especiales, quienes están listos para ayudar a los competidores regresando los salvavidas a la línea de lanzamiento, después de haber sido lanzados.
- Cuando el juego inicie, cada jugador lanzará el salvavidas al primer *hula hoop*. Éste debe entrar primero por el *hula hoop* antes de continuar con el siguiente lanzamiento. Se cronometrará a cada uno para determinar quién fue el más rápido.
- Realice varias rondas con diferentes competidores, según el tiempo se lo permita.
- El jugador que complete el lanzamiento de salvavidas en el menor tiempo será el ganador.

Aplicación:

Quizá sea difícil dar en el blanco de los *hula hoop*, pero podemos alcanzar nuestras metas cuando confiamos en Dios y ejercemos nuestra fe.

Serie: El fruto del Espíritu

DRAMA — "INGLATERRA": CADENA INTERNACIONAL DE SUPERNIÑOS

Concepto: Un reportero viaja por el mundo, conoce personas interesantes y provee información que ayuda a comprender su cultura y su país.

Personajes:
Nennerd Nil: Reportero
Winston, el guardia: Guardia del palacio real, con acento inglés

Disfraces:
Reportero: Traje formal
Winston, el guardia: Traje rojo, sombrero de soldado real británico, botas negras y placa oficial con su nombre.
 Considere comprar los disfraces en tiendas de segunda mano o de disfraces.
 Otra opción para Winston: Agréguele botones y trenzas doradas a un traje simple.

Consejo para el maestro: Opciones para la presentación del drama:

1. El reportero puede utilizar un tablero con una copia del guion, así le servirá de referencia para las líneas que debe decir. Resaltar las palabras clave de la historia le brindará apoyo de fácil lectura y el guion fluirá mejor.

2. Puede grabarlo antes, y presentarlo en televisión durante la clase como si fueran noticias "reales".

Consejo para involucrar a los adolescentes: Repasar el guion antes de iniciar la clase e involucrar a los adolescentes como auxiliares es una gran forma de mantener a los niños involucrados y atentos.

Implementos: ☐ 1 tablero con copia del guion para el reportero, ☐ 1 micrófono.

(Todo empieza con el reportero ubicado en el centro del escenario, sosteniendo el micrófono; mientras tanto, Winston, el guardia, está inmóvil y con la mirada fija).

REPORTERO - NENNERD NIL:
Bienvenidos a la *Cadena Internacional de Superniños*. El canal televisivo que les trae las últimas noticias de personas y lugares internacionales. Soy Nennerd Nil, y ahora me encuentro en Inglaterra. Estoy a la espera de poder ver a la Reina Elizabeth.

(El reportero se acerca a Winston, pero él continúa inmóvil y con la mirada fija).

REPORTERO - NENNERD NIL:
Disculpe, señor. ¿Puedo formularle unas preguntas? ¿Podría decirme si la Reina estará disponible para una entrevista?

(Winston continúa con la mirada fija e inmóvil).

REPORTERO - NENNERD NIL:
Muy bien, supongo que ÉL NO ESTÁ disponible para una entrevista. Entonces continuaremos con nuestro reportaje en vivo. El maravilloso país de la Reina, también conocido como Inglaterra, tiene 59 millones de habitantes.

(Winston sigue con la mirada fija e inmóvil, pero mueve la cabeza diciendo: "No", y con sus dedos muestra el número 6 y el 0).

REPORTERO - NENNERD NIL:
¿Qué es eso? Creo que está intentando decirnos algo. Él nos explicando que en realidad hay 60 millones de personas, no 59. (Winston asiente con la cabeza). Cielos, si la memoria no me falla, los miembros de la guardia real de la Reina no tienen permiso de hablar cuando están prestando servicio. Señor, le pido disculpas... quizá podamos saber su nombre.

(Winston continúa con la mirada fija, pero señala su placa oficial).

REPORTERO - NENNERD NIL:
Gusto en conocerlo, Sr. Winston (El reportero extiende su mano para saludar, pero la quita cuando Winston no le responde). Cierto, tampoco le permiten moverse. Bien, nos esforzaremos por darles los datos correctos, así el Sr. Winston no tendrá que decir nada. Aquí vamos...

La capital de Inglaterra es Londres, el hogar del famoso puente de Londres.

(El reportero mira a Winston y no ve ninguna reacción).

REPORTERO- NENNERD NIL:
Hasta ahora, ¡vamos muy bien! La temperatura en el Reino Unido
es caliente, con muchos días soleados; así que todos tienen un buen bronceado.

(Winston dice "No" con la cabeza, y con rigidez levanta su pantalón, mostrando su pálida piel).

REPORTERO - NENNERD NIL:
Sí, muy bonitos pantalones, Sr. Winston, pero debemos regresar a nuestro reportaje...

(Winston comienza a negar con la cabeza con más fuerza).

REPORTERO - NENNERD NIL:
Muy bien, el Sr. Winston no nos está mostrando sus lindos pantalones. Él está intentando decirnos algo acerca de su pierna. Mmmm, no veo nada. ¿En qué se relaciona una pierna con el clima de Inglaterra? Porque es cálido, ¿todos disfrutan correr?

(Winston niega de nuevo con la cabeza, empezando a frustrarse).

REPORTERO - NENNERD NIL:
¡Entendí! Como hay mucho calor, la gente se quema la piel, y ¡ésta les pica! Al Sr. Winston le pica la pierna, y necesita rascársela. Ánimo Sr. Winston, la ayuda viene pronto.

(Finalmente, Winston habla; él está frustrado por la interpretación de sus acciones).

WINSTON:
¡Ya no soporto más! ¡No me pica la pierna!

REPORTERO - NENNERD NIL:
Está bien, lo lamento; pero si no le pica, ¿qué intenta decirnos?

WINSTON:
Estaba intentando ayudarlo sin que me despidieran. ¡Pero es tan frustrante!
Usted no es muy bueno para descifrar pistas. Si nos apresuramos, puedo ayudarlo a terminar antes de que la Reina regrese del patinaje. Pero debo seguir con la mirada fija y esforzarme para aparentar que no estoy hablando.

REPORTER - NENNERD NIL:
¿A la Reina le gusta el patinaje?

(Winston habla, pero continúa con la mirada fija e inmóvil).

WINSTON:
Claro, es una gran admiradora. Bueno, ya dejemos tanta habladuría, sigamos rápidamente con el reportaje. Lo primero es lo primero, cuando le mostraba mi extremada piel blanca, estaba intentando decirle que no hay mucho calor acá, entonces los bronceados no son comunes para los británicos. Por lo regular, el clima es templado y lluvioso, y de noche es fresco.

REPORTERO - NENNERD NIL:
Lo lamento. Muy bien, televidentes, cuando visiten Inglaterra, hay algunas cosas que deben saber. Les presentamos los diez consejos para visitar este país:

1. Siempre lleve dinero en efectivo o monedas para el transporte. La mayoría de viajeros toma un taxi, autobús o el tren subterráneo.

2. La gente habla inglés.

3. Cuando viaje a Inglaterra, use sus buenos modales. Los ingleses son muy educados.

4. Cuando salude a las personas, también puede decir: "Cheerio" o "Cheers," lo cual también significa adiós o gracias.

WINSTON (INTERRUMPE):
Ya nadie habla así, a no ser que tenga 80 años de edad.

REPORTERO - NENNERD NIL:
Gracias, Sr. Winston. NO diga: "cheerio." Repito, NO diga: "cheerio".

5. Asegúrese de tomar una taza de té por la tarde, coma algunos deliciosos bollos con crema espesa (como mantequilla de crema batida).

6. En el almuerzo, busque un restaurante local. Puede ordenar pescado y papalinas, es decir, papas fritas. ¡Es delicioso!

7. Y para probar algo distinto, pida carne de ternera. A los británicos les gusta mucho.

WINSTON (INTERRUMPE):
No me gusta la ternera. Sólo porque alguien viva en Inglaterra no significa que le guste. Es como asegurar que a todos los estadounidenses les gustan las hamburguesas.

REPORTERO- NENNERD NIL:
Buen punto. Retiro lo dicho. Continuando…

8. Traiga golosinas, le ayudarán a hacer amigos. A los ingleses les gusta mucho recibir dulces y ropa.

WINSTON (INTERRUMPE):
Hablando de eso, ¿podría traerme una caja gigante con golosinas la próxima vez que nos visite?

REPORTERO - NENNERD NIL:
¡Claro! No estoy seguro si quepa en mi equipaje, pero lo intentaré.

9. Visite un castillo. Son espléndidos, y algunos fueron construidos 1200 años A.C.

10. Llueve todo el año, entonces asegúrese de traer un paraguas.

REPORTER - NENNERD NIL:
Así concluye nuestro reportaje de los diez consejos para visitar Inglaterra. Y como hemos visto, existen cosas muy buenas en Inglaterra. Pero lo mejor es que tienen la libertad de adorar a Dios y compartir Su bondad con otros.

Soy Nennerd Nil y me despido, recordándoles a los superniños de todo el mundo que ¡Dios es extraordinario y USTEDES también!

Notas: _____
_____
_____
_____

Academia de Superniños • Vol. 2/9.ª semana • Fe

OFRENDA — HAGANLO REALIDAD

Tiempo necesario: 10 minutos

Versículo para recibir la ofrenda: «...la fe sin obras está muerta».

(Santiago 2:26)

Implementos: ☐ Leche (1 caja pequeña), ☐ jarabe de chocolate, ☐ 1 vaso de vidrio transparente, ☐ 1 cuchara.

Instrucciones para recibir la ofrenda:

Pregunte ¿Alguien sabe qué podemos preparar con estos ingredientes?

- Sí, leche con chocolate. Aunque al parecer, hay un reto que enfrentar. Tenemos todos los ingredientes necesarios, pero ¿cómo los convertimos en una deliciosa bebida?

Pregunte ¿Hay algún superniño voluntario que sepa qué se necesita para preparar un delicioso vaso de leche con chocolate?

- (Permita que su voluntario lo dirija durante el proceso: verter la leche, agregar el chocolate y luego agitarlos para que se mezclen. Tres pasos sencillos que requieren acción).

- ¡Excelente! Contábamos con todos los ingredientes necesarios para preparar nuestra bebida, pero hasta que en realidad los combinamos y los agitamos, pudimos obtener nuestra bebida de leche y chocolate.

- Esto se asemeja a lo que leemos en Santiago 2:26: «...la fe sin obras está muerta».

- Podemos expresar que creemos que Dios responderá nuestras oraciones y nos dará lo que necesitamos, pero si no accionamos ni obedecemos lo que se nos enseña en la Palabra, nuestra fe no obrará. En las Escrituras se nos instruye a ser dadores. ¡Ésa es la parte que nos corresponde realizar para que nuestra fe obre!

- Hoy, mientras están dando sus ofrendas, están poniendo en acción su fe. Es como si estuvieran mezclando la leche y el chocolate, pues saben que algo bueno llegará.

Notas:

Serie: El fruto del Espíritu

BOSQUEJO DE LA LECCIÓN — FE

Versículo para memorizar: «Es, pues, la fe la certeza de lo que se espera, la convicción de lo que no se ve».

(Hebreos 11:1)

I. LOS HÉROES DE LA FE NO VEÍAN LAS CIRCUNSTANCIAS Hebreos 11

a. Noé construyó un arca antes de que aparecieran las lluvias o inundaciones (versículo 7)
b. Abraham le creyó a Dios de que resucitaría a Isaac (versículo 17)
c. Moisés le sirvió a Dios, en lugar de servirle al faraón. Él sabía que Dios abriría un camino en el Mar Rojo, aun cuando todo parecía ir MAL (versículos 24-25, 27)
d. Hubo grandes héroes, pero ellos no tenían lo que nosotros poseemos hoy (versículo 39)

II. ¿CUÁL ERA EL GRAN PLAN QUE DIOS TENÍA EN MENTE? Hebreos 11:40

a. Que Su propia naturaleza (el ADN de Dios) habitara en nosotros ¡que fuéramos otros héroes de la fe!
  • Superniños, todos los días Dios está transformando a personas ordinarias en héroes.
  • El Señor todavía está buscando a alguien que crea en Él.
  • ¿Podrá hoy encontrar Dios un superniño que pueda ser uno de los héroes de Dios de la fe?
b. ¡Tenemos a nuestra disposición el mismo tipo de fe y de fidelidad de Dios!
c. La fe nos ayuda a vivir conforme a lo que Dios declara, no según lo que vemos 2 Corintios 5:7
d. Tomen el examen de la fe. ¿Es visible su fe en Jesús? 2 Corintios 13:5
  "Evalúense a sí mismos para saber si están en la fe. Examínense".

III. SU FIDELIDAD NOS AYUDA A ESCOGER EL FRUTO EN CADA SITUACIÓN QUE LO NECESITEMOS

a. La fidelidad nos ayuda a **ser** fieles, a ser **hallados** fieles y también a ¡permanecer llenos de fe! 1 Corintios 4:2
b. Podemos decidir si ponemos nuestra confianza en Su Palabra y si realizamos las cosas a Su manera.
c. ¿Encontrará fe en Su Segunda Venida? ¡SÍ! Lucas 18:8

Una palabra de la comandante Kellie: A causa de que la naturaleza de Dios ha nacido en nuestro interior, tenemos Su fe y Su fidelidad, y podemos usarlas. Éste es un principio de vida poderoso. Los niños se beneficiarán por el resto de sus vidas al comprender esta verdad. La fe de Dios (Su plenitud) en nuestro interior nos ayuda a vivir conforme al fruto del Espíritu, aun cuando nuestra carne desea realizar algo más. Vivimos en amor cuando queremos ser descorteces, llenos de gozo cuando preferimos llorar, tenemos paz en lugar de preocupación, paciencia en lugar de rendirnos. Somos amables cuando queremos ser egoístas. Andamos en bondad en lugar de ser tacaños, y estamos llenos de fe cuando las circunstancias parecen adversas. La mansedumbre surge cuando deseamos pelear, y la templanza empieza cuando nuestra carne está gritando: "¡Déjenme tener el control!". Podemos ganar de forma absoluta en cada situación. Dios desea que nosotros también seamos héroes extraordinarios. Él nos ha dotado de súper poderes para lograrlo. Recuerde que a Dios no le agradan aquellos que retroceden, entonces dígales a los superniños que ellos deben ser hallados fieles.

Serie: El fruto del Espíritu

EL LABORATORIO DE LA ACADEMIA: BUSQUEN A ALGUIEN FIEL

Tiempo necesario: 10 minutos

Versículo clave: «*(porque por fe andamos, no por vista)*».

(2 Corintios 5:7)

Consejo para el maestro: Si realiza con antelación el experimento, le será más fácil la demostración durante la clase.

Implementos: ☐ Cartulina, ☐ cinta adhesiva, ☐ plastilina, ☐ papel higiénico, ☐ lupa, ☐ tijeras, ☐ linterna, ☐ pecera redonda (llena de agua).

Antes de la actividad:

- Pegue papel higiénico con cinta adhesiva en un lado de al pacera.
- Coloque la lupa enfrente de la pacera, usando la plastilina como base para sostenerla.
- La lupa se coloca en el lado opuesto de donde se pegó el papel higiénico.
- Doble un pedazo de cartulina a la mitad, y recorte una figura, como si estuviera haciendo un muñeco de papel. (Ej: una cruz, una estrella, un corazón, etc.)
- Coloque la figura recortada enfrente de la lupa, poniéndola sobre plastilina, al igual que la lupa.
- La lupa se encuentra en medio de la pacera y de la figura.
- Encienda la linterna y dirija la luz sobre la figura recortada.
- En el papel, aparecerá una imagen al revés.
- Mueva la lupa hacia adelante y hacia atrás para que la imagen sea más definida.
- Apague las luces del salón, y será más fácil ver la imagen.

Instrucciones de la lección:

- Hoy, realizaremos un experimento muy interesante.

Pregunte ¿Puede alguien adivinar qué sucederá cuando alumbremos esta figura?

- (Explíqueles como se preparó este experimento y permita que los niños compartan sus ideas).
- Es interesante que al dirigir la luz hacia las figuras, éstas aparezcan al revés en el papel. Esto me recuerda el pasaje bíblico de 2 Corintios 5:7: «*(porque por fe andamos, no por vista)*».
- Las imágenes no se reflejaban igual en el papel cuando había luz sobre ellas a través de la lupa. Si no hubiéramos visto la imagen original, hubiéramos creído que la figura en realidad estaba al revés.
- Algunas veces, es más fácil creer en lo que vemos que en lo que la Palabra de Dios se nos asegura.
- Hay personas que sólo creen en lo que pueden ver, pero nosotros no somos así, pues tenemos a Jesús en nuestro corazón. El pueblo de Dios vive por lo que cree. En la Biblia se le llama: vivir por fe.
- Ahora bien, nosotros podemos ayudar a quienes sólo creen en lo que ven sus ojos. De hecho, Jesús le dijo a uno de Sus amigos más cercanos, Tomás, algo muy bueno. Él le expresó: "Creíste porque lo viste con tus ojos. Pero hay mejores bendiciones reservadas para quienes sin ver, creen" (Juan 20:29, *MSG*). Si vivimos conforme a lo que el Señor nos pidió, entonces los demás podrán VER a Jesús cuando nos vean a nosotros, y ¡eso los hará convertirse en creyentes!

LECCIÓN 10: MANSEDUMBRE

 BIENVENIDA Y ORACIÓN

 VERSÍCULO PARA MEMORIZAR

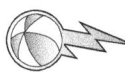 TIEMPO PARA JUGAR

 SUPLEMENTO 1: EL LABORATORIO DE LA ACADEMIA

 OFRENDA

 ALABANZA Y ADORACIÓN

 BOSQUEJO DE LA LECCIÓN

 SUPLEMENTO 2: CASO REAL

 ORACIÓN, ANUNCIOS, Y MATERIAL DE APOYO

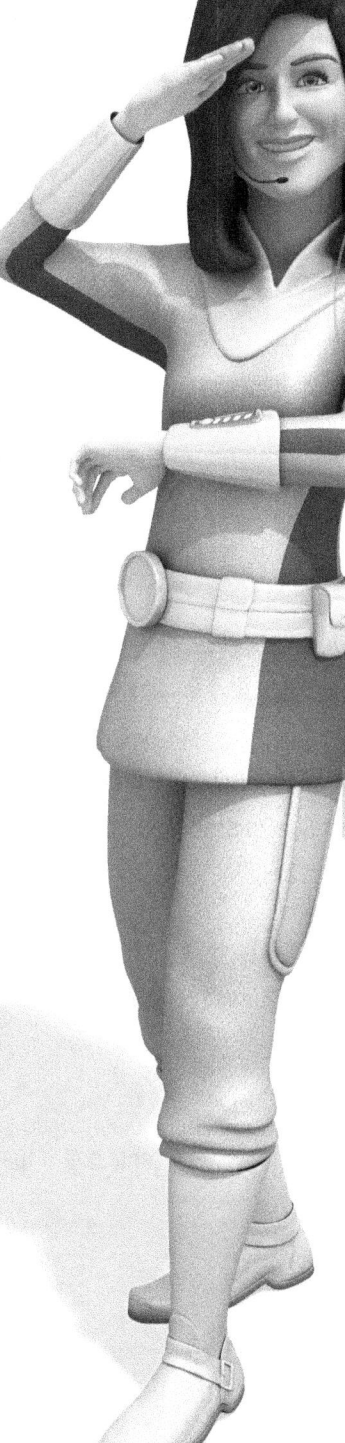

 **Versículo para memorizar:** «Que a nadie difamen, que no sean pendencieros, sino amables, mostrando toda mansedumbre para con todos los hombres».

(Tito 3:2)

Serie: El fruto del Espíritu

Academia de Superniños • Vol. 2/10.ª semana • Mansedumbre

TIEMPO PARA JUGAR — ESQUIVANDO PELOTAS

Tiempo necesario: 5-8 minutos

Versículo para memorizar: «*Que a nadie difamen, que no sean pendencieros, sino amables, mostrando toda mansedumbre para con todos los hombres*».

(Tito 3:2)

Implementos: ■ 10-15 pelotas de esponja, ■ lentes protectores (para cada jugador), ■ cinta adhesiva, ■ premios, ■ música alegre de fondo.

Antes del juego:

- Con la cinta adhesiva, forme un cuadro grande sobre el piso, el cual definirá la cancha del juego.
- Luego divida ese cuadro a la mitad, utilizando la cinta adhesiva. Entre más grande sea la cancha, ¡mejor!

Instrucciones del juego:

- Forme dos equipos con dos o cuatro jugadores cada uno, dependiendo del tamaño del salón y de la cancha.
- Déle la misma cantidad de pelotas a cada equipo.
- Como regla y por seguridad, los jugadores sólo pueden lanzar la pelota del cuello hacia abajo. El objetivo es tocar a los jugadores del equipo contrario con las pelotas de esponja. Cuando le peguen a un jugador, saldrá de la cancha de juego.
- El último jugador que no sea tocado por una pelota, gana. Colocar música alegre de fondo durante el juego, le añadirá emoción y atraerá la atención del resto de niños.

Objetivo del juego:

Ser un buen lanzador de pelota o rápido para esquivarlas. ¡Ser el último jugador que quede en pie!

Aplicación:

Un buen líder guiará a otros con un buen ejemplo, no a la fuerza. Es excelente divertirse con este juego, mientras se reconoce que la fuerza del carácter es más importante que la fuerza física.

Notas:

Serie: El fruto del Espíritu

Mansedumbre • Vol. 2/10.ª semana • *Academia de Superniños*

EL LABORATORIO DE LA ACADEMIA — ¡TÓMENLO CON CALMA!

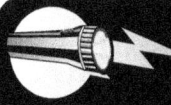

Tiempo necesario: 10 minutos

Versículo clave: «como también yo en todas las cosas agrado a todos, no procurando mi propio beneficio, sino el de muchos, para que sean salvos».

(1 Corintios 10:33)

Implementos: ☐ 1 huevo, ☐ 4 mitades de cáscara de huevo, ☐ tijeras, ☐ cinta adhesiva, ☐ libros.

Antes de la actividad:

- Las mitades de cáscaras de huevo las obtendrá al quebrar huevos crudos a la mitad. Por si acaso, lleve más cáscaras.
- Colóquele cinta adhesiva a cada mitad de cáscara de huevo vacía.
- Con las tijeras, recorte las orillas de la cáscara para darles una forma lisa.
- Lleve los implementos utilizados para crear las mitades de cáscara de huevo, así los cadetes podrán saber cómo lo realizó.

Realice un experimento:

- Después de cubrir con cinta adhesiva las mitades de cáscara de huevo y de nivelar los bordes, coloque cuatro mitades con la parte ovalada hacia arriba, de modo que formen un cuadrado.
- Coloque un libro sobre las cáscaras. Continúe poniendo libros hasta que se quiebren las cáscaras. ¡Es sorprendente cuánto peso puede soportar algo tan frágil como una cáscara de huevo!

Instrucciones de la lección:

- Cadetes, hoy estamos aprendiendo acerca del fruto de mansedumbre.
- Muchas veces, la gente piensa que una persona amable es débil o es fácil aprovecharse de ella. Y hoy, queremos demostrarles que eso no siempre es verdad. En nuestras manos tenemos algo que aparenta ser muy débil: un huevo.

Pregunte ¿Ha dejado caer alguien un huevo? ¿Qué le ocurre?

- Éste se quiebra y salpica todo, ¿verdad? Pues bien, hemos tomado algunas de esas "débiles" cáscaras de huevo y las hemos preparado de una manera especial.
- (Explíqueles a los cadetes el procedimiento de preparación).
- Ahora, deseamos demostrarles cómo algo tan frágil puede ser muy fuerte.
- (Demuéstreles la fuerza de las cáscaras de huevo al colocar un libro sobre ellas).
- En 1 Corintios 10:33, se nos enseña que debemos tomar en cuenta los sentimientos de los demás y que no debemos "pisar" a quienes no son tan libres como nosotros. En otras palabras, es necesario que seamos amables y considerados con otros; entonces cuando les hablemos de Jesús, estarán listos para escucharnos y no se alejarán porque no los tratamos bien.
- Superniños, hoy aprendimos una lección de estas cáscaras de huevo; éstas aparentaban ser débiles, pero al final resultaron ser fuertes. Nunca olviden que ser amable no significa ser débil, pues alguien amable puede guiar a muchas personas hacia Jesús.

Serie: El fruto del Espíritu

Academia de Superniños • Vol. 2/10.ª semana • Mansedumbre

OFRENDA — ¡LAS LEYES SON BUENAS!

Tiempo necesario: 10 minutos

Versículo para recibir la ofrenda: «*Honra a Jehová con tus bienes, y con las primicias de todos tus frutos; y serán llenos tus graneros con abundancia, y tus lagares rebosarán de mosto*».

(Proverbios 3:9-10)

Implementos: ☐ Un uniforme y una gorra de policía (Considere usar un uniforme de guardia de seguridad, uno que muestre autoridad).

Instrucciones para recibir la ofrenda:

- ¡Hola, cadetes!
- (Escoja un voluntario para que use el uniforme y lo ayude con la lección. Lleve al frente a alguien que pueda ponerse el uniforme sobre su ropa).

Pregunte ¿Sabe alguien qué clase de uniforme es éste?

- ¡SÍ! Es un uniforme de policía.

Pregunte ¿Cuál es el trabajo de un policía?

- (Permita que los superniños compartan y discutan sus ideas).
- ¡Muy buenas opiniones! El trabajo de un policía es hacer que se cumplan las leyes.

Pregunte ¿Sabe alguien qué es una ley?

- ¡Correcto! Una ley se establece para brindarles seguridad a las personas y a las propiedades.
- Existen muchas clases de leyes: las que nos explican cómo manejar un automóvil, las que nos especifican cómo debemos cuidar la propiedad pública y las que les indican a los niños dónde pueden manejar sus bicicletas.

Pregunte ¿Sabían que en la Palabra de Dios se nos dan leyes para que las cumplamos?

- Obedecer las leyes de Dios nos ayudan a vivir con paz y salud.
- Leamos juntos nuestro versículo de hoy, Proverbios 3:9-10: «*Honra a Jehová con tus bienes, y con las primicias de todos tus frutos; y serán llenos tus graneros con abundancia, y tus lagares rebosarán de mosto*».
- Ahora bien, Dios no estableció esta regla porque Él sea codicioso y desee todo lo que tienen. Claro que no, al contrario, aquí se nos instruye a darle nuestras primicias y lo mejor, pues cuando lo hacemos, Él puede darnos lo mejor que Él tiene.
- Y hablando de lo mejor, escuchen la segunda parte de la ley de Dios: «*...y serán llenos tus graneros con abundancia, y tus lagares rebosarán de mosto*». Sé que la mayoría de ustedes no tiene un granero o un viñedo, pero esto quiere decir que serán bendecidos en abundancia, no sólo un poco, sino con más de lo que necesiten.
- Cuando obedecemos la ley de Dios acerca de la siembra, podemos bendecir a otros. Podemos ayudar a quienes desconocen las leyes del Señor. Podemos mostrarle a alguien más, cuán generoso es Dios al ser generosos nosotros. Incluso podemos presentarle a nuestro Padre celestial. ¡Qué maravilloso es esto!

Notas: _____

Serie: El fruto del Espíritu

BOSQUEJO DE LA LECCIÓN — MANSEDUMBRE = DÓCIL, NO DÉBIL

Versículo para memorizar: «Que a nadie difamen, que no sean pendencieros, sino amables, mostrando toda mansedumbre para con todos los hombres».

(Tito 3:2)

I. MANSEDUMBRE NO SIGNIFICA SER DÉBIL
  a. La debilidad es la incapacidad de defenderse, pero mansedumbre es dejar a un lado esa capacidad, a fin de obedecer a Dios.
  b. Jesús sabía cuál era la voluntad de Dios y escogió obedecerla, en lugar de seguir Su propia voluntad   Mateo 26:39
  c. Jesús tenía <u>suficiente</u> poder para defenderse, sin embargo, no lo hizo   Mateo 26:53-54

II. LA MANSEDUMBRE NO EXIGE QUE SE HAGA TODO A SU MANERA
  a. Nosotros escogemos vivir conforme a Su voluntad, y no a la nuestra.
  b. Somos pacientes con las personas problemáticas   2 Timoteo 2:24; Efesios 4:2
  c. Amamos a nuestros enemigos y bendecimos a quienes nos maldicen   Mateo 5:44
  d. Pueden expresarles a sus padres y sus maestros lo que desean hacer, pero sin necesidad de discutir   1 Pedro 5:5

III. EL FRUTO DE MANSEDUMBRE LO MANTENDRÁ ALEJADO DE LA CONTIENDA
  a. Los discípulos querían pelear, pero Jesús sanó a Su enemigo   Lucas 22:49-51
  b. Jesús nos enseñó que debemos dar la otra mejilla, y permitir que Dios pelee nuestras batallas   Mateo 5:39
  c. No le den lugar a la discusión y a la contienda, ¡sáquenlas de su vida!   2 Timoteo 2:23-26
  d. La mansedumbre evitará que peleen. No se enojen, ¡sean <u>mansos</u>!

Una palabra de la Comandante Kellie: Se necesita mucho de la mansedumbre en nuestra vida, pues cuando las personas permiten que surja la ira, la están ejercitando y fortaleciendo. A muchos niños el enojo los controla y se molestan por cualquier cosa. No obstante, si obran en mansedumbre, pueden vencer la ira. Si decimos que no podemos o que es difícil controlarnos, significa que lo estamos intentando con nuestra propia fuerza; no estamos viviendo conforme al PODER que se encuentra en nuestro interior. Si alguien no responde con ira y contienda, no significa que sea débil; al contrario, está siendo obediente y fuerte. En Hebreos, leemos que nuestros sentidos son entrenados por medio de la práctica. Entonces cuando ejercitemos la mansedumbre llegaremos al nivel en que nadie podrá hacernos enojar o determinar qué debemos hacer o sentir. Un buen ejemplo es un león entrenado. Él es más fuerte que su domador, pero le obedece. Así somos nosotros. Aunque nos enojemos, decidimos ser fuertes en el Señor y vivir en mansedumbre. Cuando permitimos que sea Dios quien nos exalte (1 Pedro 5:6), en definitiva, ¡seremos vencedores!

Notas: _____

_____

_____

Serie: El fruto del Espíritu

Academia de Superniños • Vol. 2/10.ª semana • Mansedumbre

CASO REAL: OSKAR SCHINDLER

Concepto: Destacar un histórico e interesante lugar, personaje o evento que ejemplifique la lección del día. El tema de hoy es la mansedumbre.

Disfraz: Camisa blanca de botones
Traje oscuro
Cabello bien peinado

Medios de comunicación: Si tiene la disponibilidad, puede descargar imágenes de Oskar Schindler, de su fábrica y de su monumento.

 **Consejo para el maestro:** Utilizar un disfraz atrae la atención del superniño. Es de gran ayuda usar imágenes cuando les enseña.

 **Consejo para involucrar a los adolescentes:** Repasar el guion antes de iniciar la clase e involucrar a los adolescentes como auxiliares es una gran forma de mantener a los niños involucrados y atentos.

Implementos: ☐ 2 ollas de peltre.

INTRODUCCIÓN:

- Hoy, estamos aprendiendo acerca de la mansedumbre. Un poderoso líder que guía con un espíritu manso, y no a la fuerza. Jesús tenía todo el poder del cielo, sin embargo, escogió ser siervo de todos.
- En el caso real de hoy, aprenderán de un hombre que utilizó el poder y el espíritu manso para servir a otros.

LECCIÓN:

Acerca de Oskar Schindler:

Oskar Schindler nació en Alemania en 1908. El Sr. Schindler era un ordinario hombre de negocios que sólo intentaba obtener ganancias económicas. Inició su carrera como vendedor, y luego fundó varias empresas que fracasaron, y esto lo llevó a tratar de obtener una carrera como espía alemán. Eso suena emocionante, pero él terminó en una prisión extranjera mientras trabajaba como espía, y fue liberado después de que inició la II Guerra Mundial.

En busca de dinero:

- Los nazis eran un grande y poderoso ejército alemán, y creían que todos los judíos debían ser asesinados. Cuando los nazis invadieron Polonia, le permitieron al Sr. Schindler dirigir una fábrica de ollas de peltre. Estas ollas eran un tipo especial de utensilios de cocina. Con la ayuda de aproximadamente 1,000 judíos, quienes ganaban muy poco dinero, el Sr. Schindler logró crear un negocio muy lucrativo.
- El éxito que obtuvo el Sr. Schindler en los negocios, logró la admiración de su comunidad y de soldados nazis. En poco tiempo, algunos importantes líderes nazis invitaron al Sr. Schindler para que participara en fiestas. Después de años de lucha por alcanzar el éxito, Oskar Schindler finalmente comenzó a gozar de una buena vida.

- Pero el gozo que recibía a causa del dinero, del éxito y del reconocimiento no duró por mucho tiempo. Después de ser testigo de la aniquilación de muchos judíos durante una incursión, la vida del Sr. Schindler cambió.
- Los judíos merecían ser valorados y protegidos. Entonces, corriendo el riesgo de ser encarcelado o asesinado, Oskar Schindler comenzó a utilizar su fábrica de ollas para salvar a cuantos judíos pudiera.

Ollas para las personas:

- Oskar Schindler conocía muchos importantes líderes nazis. Él logró convencerlos de que necesitaba muchos judíos para que trabajaran en su fábrica.
- A causa de su encantadora personalidad, amable persuasión y dinero, Oskar era exitoso. Sin embargo, enfrentó algunos desafíos. Los nazis creyeron, dos veces, que estaban siendo engañados (y así era), entonces lo encarcelaron. Pero eso no evitó que el Sr. Schindler cumpliera su misión. Después de ser liberado, volvió a contratar más judíos para salvarles la vida.

El mayor engaño de Schindler:

- Después de cierto tiempo, ya no podía contratar más judíos en su fábrica, entonces Oskar Schindler compró otra fábrica para salvar más vidas.
- Esta fábrica había sido diseñada para producir armas para los nazis. Y el desafío que enfrentaba era que si fabricaban armas para los nazis, ellos podían asesinar más judíos. Entonces Schindler necesitaba idear otro plan que fuera más astuto que los nazis...
- Oskar Schindler decidió fabricarlas, pero con un pequeño detalle: ningún arma funcionaría. Ese plan funcionó por un tiempo, hasta que los soldados nazis empezaron a quejarse del desperfecto de sus armas. Oskar debía pagar grandes cantidades de dinero para compensar el equipo defectuoso.

Hasta el último centavo:

- Cuando la guerra acabó, el Sr. Schindler ya había gastado toda su fortuna salvando las vidas de sus empleados judíos. Oskar Schindler nunca más tendría tanto dinero; de hecho, tuvo que vivir con sus amigos, pues no podía mantenerse a sí mismo. También recibió ayuda de organizaciones judías, pues le agradecían todo su esfuerzo por salvar vidas.
- Oskar Schindler creía que no había precio tan alto ni riesgo tan inminente para salvar esas vidas. Él lo creyó hasta que gastó su último centavo.

HACIENDO HISTORIA:

- Oskar Schindler nunca tuvo la intención de convertirse en un héroe, pero al final terminó haciendo historia, pues salvó la vida de aproximadamente 1,200 judíos. Cuando Oskar Schindler falleció, los judíos lo honraron al enterrar su cuerpo en el Monte de Sión en Jerusalén. Además, recibió el premio que lo acreditaba como alguien justo entre las naciones, por haber salvado vidas judías.

CONCLUSIÓN:

- Oskar Schindler pudo haber utilizado su dinero y poder en contra de los judíos, pero en lugar de ello, él escogió ser un siervo amable y dador. ¡Eso es mansedumbre y bondad!
- Por esa razón, Oskar Schindler es el caso real de hoy.

Notas:

LECCIÓN 11: DOMINIO PROPIO

 **BIENVENIDA Y ORACIÓN**

 **VERSÍCULO PARA MEMORIZAR**

 **TIEMPO PARA JUGAR**

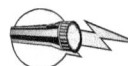 **SUPLEMENTO 1: LA COCINA DE LA ACADEMIA**

 **OFRENDA**

 **ALABANZA Y ADORACIÓN**

 **BOSQUEJO DE LA LECCIÓN**

 **SUPLEMENTO 2: TIEMPO DE LECTURA**

 **ORACIÓN, ANUNCIOS, Y MATERIAL DE APOYO**

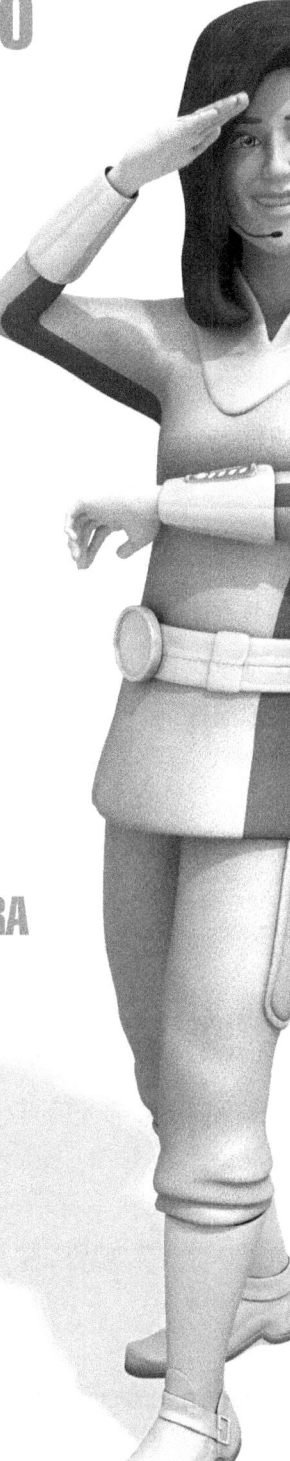

 **Versículo para memorizar:** «y nos enseña a rechazar la impiedad y las pasiones mundanas. Así podremos vivir en este mundo con justicia, piedad y dominio propio». (Tito 2:12, *NVI*)

Serie: El fruto del Espíritu

Academia de Superniños • **Vol. 2/11.ª semana** • Templanza

TIEMPO PARA JUGAR

DUELO CON EL VERSÍCULO PARA MEMORIZAR

Tiempo necesario: 6-8 minutos

Versículo para memorizar: «*y nos enseña a rechazar la impiedad y las pasiones mundanas. Así podremos vivir en este mundo con justicia, piedad y dominio propio*». (Tito 2:12, *NVI*)

Consejo para el maestro: Por seguridad, los cadetes sólo pueden lanzarles a sus oponentes las pelotas de esponja del cuello hacia abajo.

Implementos: ☐ 1 rollo de cinta adhesiva, ☐ 2 pelotas de esponja, ☐ 2 sombreros de vaquero, ☐ música alegre de fondo.

Antes del juego:

- Escoja dos jugadores para competir entre sí.
- Cada jugador tendrá una pelota de esponja y usará un sombrero de vaquero.
- Marque con la cinta adhesiva una línea en el piso, donde los jugadores iniciarán y se pararán espalda contra espalda.
- Cada jugador se alejará del otro según la cantidad de pasos designada.

Instrucciones:

- Dé el versículo para memorizar e indíqueles a los cadetes que lo repitan.
- Escoja dos jugadores que puedan repetirlo sin ayuda. Haga que ambos se paren espalda contra espalda sobre la línea y entrégueles una pelota a cada uno. Indíqueles cuántos pasos deben alejarse, mientras tanto el resto de niños contará en voz alta.
- Cuando den su último paso, deben darse la vuelta y repetir el versículo para memorizar tan rápido como sea posible, y luego deben lanzar la pelota a su oponente.
- No se les permite a los cadetes lanzar la pelota si no han terminado de repetir el versículo de forma correcta.

Objetivo del juego:

Ser rápido para saber y declarar la Palabra de Dios, así podrán "disparar" más y dar en el blanco la mayoría de veces para ganar.

Aplicación:

Todos los días se está llevando a cabo una guerra para controlar nuestra vida. Un tiroteo entre nuestra carne y nuestro espíritu. ¡La templanza nos ayuda a ganar esa batalla!

Notas: _____
_____
_____
_____

Serie: El fruto del Espíritu

Templanza • Vol. 2/11.ª semana • *Academia de Superniños*

LA COCINA DE LA ACADEMIA — ¡¿A QUIÉN NO LE GUSTAN LOS DULCES?!

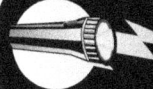

Tiempo necesario: 10 minutos

Versículo clave: "No es de sabios comer demasiado dulce... una persona que no sabe controlarse a sí misma es como una casa con las puertas y ventanas derribadas".

(Proverbios 25:27-28, *MSG*)

Consejo para el maestro: Por seguridad, si usted decide permitirles probar o tocar los alimentos, es importante que les pregunte a los niños o a los padres si son alérgicos a algún alimento. También es importante mantener alejados los utensilios que sean un posible peligro para los niños.

Coloque todos los utensilios en un lugar seguro mientras no los esté utilizando.

Implementos: ☐ 1 paquete de chocolate blanco con almendras, ☐ 12 bastones de caramelo o 30-40 dulces de menta (rojo y verde), ☐ 1 bolsa Ziploc, ☐ 1 martillo, ☐ 1 olla de cocimiento lento (o microondas), ☐ una cuchara grande, ☐ 1 cuchillo para untar, ☐ papel antiadherente, ☐ 1 bandeja par hornear, ☐ 1 plato para servir, ☐ guantes desechables (para servir el dulce).

Antes de la actividad:

- Prepare una porción de dulces antes de la clase siguiendo la receta abajo descrita.
- Después de mostrarles la receta a los cadetes, enséñeles lo que ya ha preparado.
- El dulce que preparó con antelación debe partirlo durante la demostración de la lección.

Receta de dulces de menta:

Ingredientes: ☐ paquete de chocolate blanco con almendras, ☐ 6 bastones de caramelo o 15-20 dulces de menta (rojo y verde).

- Derrita 3 o 4 pedazos del chocolate en una olla (o microondas) hasta que esté lo suficientemente suave como para revolver.
- Adelante este paso antes de la clase, así el dulce estará listo para el tiempo de la lección.
- Coloque dentro de la bolsa los dulces de menta o los bastones de caramelo, luego quiébrelos con el martillo.
- Vierta el dulce quebrado dentro del chocolate derretido y revuelva.
- Coloque una hoja de papel antiadherente sobre una bandeja para hornear.
- Extienda una capa delgada de la mezcla sobre el papel antiadherente, luego métalo al refrigerador de 5-10 minutos.
- Cuando la mezcla se haya endurecido, divida el dulce en porciones. ¡Disfrútenlo!

Instrucciones de la lección:

- ¡Hola, cadetes!
- La receta de hoy les interesará a todos, pues hoy prepararemos un delicioso dulce. ¿Le gustaría a alguien ayudarme en la cocina? (Escoja un voluntario). Hoy, serás un asistente de cocina.

Serie: El fruto del Espíritu

Academia de Superniños • Vol. 2/11.ª semana • Templanza

- (Permita que el voluntario lo ayude con los pasos de la receta, mientras realizan la demostración en la clase).

- Lo primero que debe hacer el asistente es desenvolver los caramelos de menta y colocarlos dentro de la bolsa. Mientras lo prepara, veamos otro importante ingrediente para esta receta. Éste es chocolate blanco con almendras.

- ¡Buen trabajo! Ahora, ¡vamos a quebrar estos caramelos!

- Veamos si nuestro asistente ya terminó. (Ya debería tener listos los caramelos, si no es así, ayúdelo para que puedan avanzar). Aquí viene la parte divertida: ¡es momento de destrozar estos caramelos!

- (Tome el martillo y comience a quebrar los caramelos en pedazos pequeños). Asistente, ¿podrías colocar estos caramelos dentro del chocolate derretido, y revolverlo muy bien? Para completar nuestra receta, verteremos la mezcla sobre una bandeja para hornear, y haremos una capa delgada, luego la pondremos en el refrigerador de 5-10 minutos.

- (Muéstreles la porción que preparó con antelación).

- Pero antes de que podamos degustar de este delicioso caramelo, debemos dividirlo en porciones.

- Niños y niñas, ya tengo una bandeja de caramelo endurecida, así que sólo nos queda realizar un paso más para comer. Simplemente, debemos tomar el cuchillo para dividirlo en porciones. Asistente, quizá debamos dejar que los niños prueben un poco, ¿qué te parece? (Será divertido, si el grupo no es demasiado grande, a fin de entregarles una porción a cada uno). Este caramelo está tan delicioso que me dan ganas de comerme toda la bandeja.

Pregunte ¿**Alguna vez se han sentido así? Por ejemplo, ¿qué sucede en las ocasiones especiales donde hay muchas golosinas? ¿Se han sentido tentados a seguir comiendo sólo porque tienen un sabor delicioso?**

- Pues bien, hoy estamos aprendiendo acerca del dominio propio, o templanza; en Proverbios 25:27-28, leemos: "No es de sabios comer demasiado dulce... una persona que no sabe controlarse a sí misma es como una casa con las puertas y ventanas derribadas".

- Entonces superniños, disfruten este delicioso caramelo; y recuerden, si preparan la receta en casa, no olviden el ingrediente más importante: ¡dominio propio!

Notas:

Serie: El fruto del Espíritu

Templanza • Vol. 2/11.ª semana • Academia de Superniños

OFRENDA: GUARDEN UN SECRETO

Tiempo necesario: 10 minutos

Versículo para recibir la ofrenda: «No hagan sus buenas obras delante de la gente solo para que los demás los vean... hazlo en secreto. Y tu Padre, que ve lo que haces en secreto, te dará tu premio».

(Mateo 6:1, 4, *Dios Habla Hoy*)

Implementos: ☐ 1 caja envuelta en un lindo papel de regalo.

Instrucciones para recibir la ofrenda:

Pregunte ¿Cuántos de ustedes saben qué significa guardar un secreto?

Pregunte ¿Qué sería lo peor que podrían hacer con un secreto?

- Exacto, ¡empezar a contárselo a otros!

Pregunte ¿Ven este regalo muy bien empacado?

- Pues sólo yo sé que hay adentro; es un secreto. Esa característica de los regalos los hacen muy divertidos: no saber qué hay dentro. Ése es el secreto.

Pregunte ¿Alguna vez han comprado un regalo y se lo han mostrado a su hermano(a) pequeño(a), o quizá a un amigo?

- Y LUEGO se enteran de que ya se lo contaron a alguien. Creo que en ese momento, aprendemos quién puede guardar un secreto y ¡quién no!

- Ahora bien, algunos creen que es malo guardar secretos, y algunas veces lo es. Por ejemplo, jamás debemos ocultarle algo a papá o mamá y ¡NUNCA a Dios!

Pregunte Pero ¿sabían ustedes que Dios nos indica que <u>a veces</u> hay algo que es bueno mantener en secreto?

- Lo sé, eso es muy sorprendente, pero leamos en la Biblia cuál es el secreto que debemos guardar (Lea Mateo 6:1,4).

- En estos versículos, Jesús nos está indicando que no debemos llamar la atención cuando demos nuestras ofrendas. De hecho, Él aseguró que sería una buena idea si lo manteníamos en secreto, sólo entre Dios y nosotros. Eso no significa que debemos ir de puntillas hacia la canasta de la ofrenda, o intentar que las personas vean hacia otro lado cuando depositamos nuestro dinero. Eso significa que debemos mantenerlo en secreto, sólo Dios necesita saber qué vamos a dar. Cuando ofrendamos de esta manera, nos aseguramos de que sólo nos importa lo que se encuentra en nuestro corazón, no lo que otros piensen.

- Entonces niños y niñas, cuando traigan sus ofrendas al Señor, ¡que sea su pequeño secreto!

Notas:

Serie: El fruto del Espíritu

Academia de Superniños • Vol. 2/11.ª semana • Templanza

BOSQUEJO DE LA LECCIÓN — DOMINIO PROPIO

Versículo para memorizar: «y nos enseña a rechazar la impiedad y las pasiones mundanas. Así podremos vivir en este mundo con justicia, piedad y dominio propio». (Tito 2:12, *NVI*)

I. ¿QUIÉN TIENE EL CONTROL?
a. Se está librando una batalla sobre nuestras vidas.
b. El Espíritu de Dios nos da la habilidad para seguir Su dirección en todo tiempo.
c. El dominio propio es en realidad el <u>mismo dominio propio de Dios</u> en nuestro interior para tener poder sobre nuestra carne.

II. JESÚS GANÓ LA BATALLA DE LA CARNE Mateo 4:1-11
a. El Espíritu Santo vino sobre Jesús Mateo 3:16-17
b. Satanás intenta tentarnos para que desobedezcamos las instrucciones de Dios; él intentó tres veces seguidas que Jesús pecara.
c. Jesús ya había preparado Su corazón. Éste se encontraba ¡lleno de la Palabra! Salmos 119:11
d. Satanás usó a Pedro para tentar a Jesús, pero el Señor no dejó que Su amigo lo controlara Marcos 8:31-33

III. NO PERMITAN QUE <u>NINGUNA</u> PARTE DE SU CUERPO SEA USADA PARA PECAR Romanos 6:12-13
a. Sin este fruto del espíritu, su lengua estará fuera de control Santiago 3:2-10
b. Nuestras manos y pies necesitan tener dominio propio 1 Tesalonicenses 4:11
c. Los niños <u>en realidad</u> necesitan tener dominio propio para obedecer y honrar a sus padres Efesios 6:1-3
d. En nuestro interior se encuentra el dominio propio. Éste nos ayuda a no ser dirigidos por nuestros sentimientos y emociones. Recuerde que éste es en realidad <u>el mismo dominio propio de Dios</u> en nuestro interior para tener poder sobre nuestra carne.

Una palabra de la Comandante Kellie: Muchos declaran: "Jesús es el Señor", pero no obedecen Sus instrucciones. Muchas veces, su carne interfiere en su camino. Ahora bien, cuando permiten que el Espíritu Santo controle sus acciones, el pecado ya no es su señor (Romanos 8). Cuando un superniño toma la decisión de agradar a Dios, le da más control a su espíritu. Entonces en realidad convierte a Jesús en el Señor de su vida. Nuestra carne quiere llevarnos en la dirección contraria a las instrucciones de Dios. Nuestros niños desean seguir al Espíritu, pero no pueden hacerlo en su carne —pues ésta no puede luchar contra sí misma (Romanos 8:7)—. Sin embargo, Jesús ya realizó la obra por nosotros. Él pagó el precio para que pudiéramos tener Su fuerte Espíritu en nuestro interior, a fin de que no seamos débiles cuando surja la tentación. ¡Somos fuertes al igual que Jesús!

Notas: _____
_____
_____

Serie: El fruto del Espíritu

TIEMPO DE LECTURA — UNA FRESA LLAMADA: SAM

 **Consejo para el maestro:** Se le dan opciones para desarrollar la presentación de la historia.

 **Consejo para involucrar a los adolescentes:** Repasar el guion antes de iniciar la clase e involucrar a los adolescentes como auxiliares es una gran forma de mantener a los niños involucrados y atentos.

 **Consejos para el dibujante:** Corte el papel según el tamaño del pizarrón y péguelo. Realice un boceto a lápiz del dibujo antes de realizar la presentación durante la clase. Pues quizá no haya tiempo para completarlo y colorearlo en la escena. Difumine las líneas con borrador, a fin de que sean visibles para el dibujante, no para el público. Lea antes el guion para determinar el tiempo necesario para terminar la ilustración en el escenario. Cuando inicie la historia, use marcador negro para resaltar el dibujo, siguiendo las líneas guías. Después coloréelo usando tizas de color pastel. Luego difumine los colores con un pedazo de tela. Finalmente, quite el papel del pizarrón, enróllelo, amárrelo con bandas elásticas, y luego regáleselo a un niño.

Implementos para el dibujo: ☐ Caballete (para colocar el duroport), ☐ 1 pieza grande de duroport (Se recomienda uno de 30" x 48", el cual puede comprar en una tienda de arte), ☐ 1 rollo de papel blanco tamaño pancarta ☐ Marcadores negros (para el dibujo inicial y delineado), ☐ tizas color pastel (de una tienda de arte), ☐ trapos (para mezclar la tiza), ☐ tijeras (para cortar el papel), ☐ cinta adhesiva (para pegar el papel al duroport), ☐ bandas elásticas (para enrollar el dibujo que se regalará), ☐ mesa pequeña (para colocar los implementos durante la clase), ☐ lápiz y borrador (los de grafito son mejores), ☐ bata de artista (para que el artista se mantenga limpio).

Antes de la lectura:

De las siguientes opciones de presentación, escoja cuál es la mejor para su equipo:

1. Tiempo de lectura:

Seleccione su elenco con antelación (pueden ser miembros del equipo o superniños que sepan leer bien, que sean dramáticos y expresivos) para que lean las líneas de los personajes de la obra. La cantidad de personas que seleccione dependerá de cuántos personajes tengan líneas en la historia o cuántas tenga a su disposición. Si no cuenta con muchas, puede utilizar una persona para que lea dos personajes. Sólo asegúrese que las voces sean distintas. Saque copias del guion y resalte las líneas de cada uno. Le sugerimos que antes realicen un ensayo de lectura, a fin de asegurarse que la lectura fluya. Para añadirle diversión, usen disfraces. Al principio de la historia, presenten a su elenco.

Lista de personajes/disfraces:

Personaje	Disfraz
Fresas	Utilice pintura roja facial (puede comprarla en una tienda de disfraces) Use un delineador para ojos color negro para dibujar semillas en los rostros y playeras rojas
Sam	Playera roja y una gorra
Papá fresa	Camisa roja y corbata
Mamá fresa	Blusa roja y collar de perlas
Personaje humano	Sombrero de paja de granjero, camisa a cuadros y overol

2. Una historia ilustrada:

Si hay algún dibujante en su equipo, será de gran ayuda para su presentación. Mientras se lee la historia, el dibujante puede realizar un dibujo en relación al tema, el cual se regalará como premio al finalizar. Utilice este premio como incentivo para los superniños, a fin de que permanezcan callados y presten atención. Al inicio, deberá comprar algunos implementos, pero no permita que esto le impida utilizar esta opción. Una vez que los compre, podrá usarlos de nuevo porque son duraderos y reutilizables.

Lo primero que deben saber de Sam es que él es famoso. Por lo general, alguien es famoso porque realizó algo sorprendente. Y en definitiva, Sam logró algo sorprendente. Mi nombre es Jelani y vivo en medio de un gran sembradío de fresas, al cual se le conoce como la *Gran Parcela*. ¿Les mencioné que Sam es una fresa? Pues bien, lo es, de lo contrario nunca nos hubiéramos conocido. Si prometen prestar mucha atención, les contaré la historia de Sam.

Una mañana de primavera, cuando las aves estaban cantando y el sol estaba brillando con fuerza, nació Sam. Sus padres se sentían muy emocionados porque podrían educar a su primer hijo, y decidieron llamarlo Sam. Así es, una fresa llamada: Sam.

Cuando Sam brotó de la tierra con su pequeña cabeza verde, sus padres le mostraron su mejor sonrisa, y luego empezaron a decirle a gran voz al resto de fresas: "Escuchen todos, ya nació Sam, el bebé más pequeño de las fresas en la *Gran Parcela*".

Por supuesto, todas las fresas del campo dieron una gran ovación, así como sólo las fresas pueden hacerlo.

Ahora bien, debería explicarles que los humanos no pueden escuchar a una fresa dando ovaciones; pues eso está reservado sólo para quienes en realidad son fresas. No se sientan mal, así es. ¿Dónde estaba? Ah, sí, la fresa más joven, el pequeño Sam. Mientras todos estaban celebrando su llegada, los padres de Sam notaron algo extraño. Sam, quien era una fresa verde así como cualquier fresa recién nacida, se estaba tornando rojo muy rápido. De hecho, entre más fuerte y llena de alegría se hacía la ovación, más rojo se volvía.

De pronto, Sam gritó: "¡Dejen de ovacionar! Quiero paz y tranquilidad porque ¡hoy es mi cumpleaños!".

El sonido de felicidad poco a poco fue disminuyendo. La madre de Sam se sorprendió, y de alguna manera se sintió avergonzada.

—Lo sentimos, amigos. Al parecer, Sam se enoja con facilidad —dijo su madre.

Cuando las ovaciones cesaron, y todos regresaron a su lugar en la parcela, el rostro de Sam volvió a ser verde como todo bebé.

—Al parecer, nuestro bebé fresa tiene mal temperamento. Creo que tendremos que vigilar ese comportamiento —le expresó el papá fresa a la madre de Sam.

Esa noche, cuando era momento de ir a dormir, todos los padres se quedaron muy callados.

Tomaron las hojas para cubrir a sus pequeños y les susurraron: "Duérmete pronto, no hagas ni un ruido; nada asustará a mi pequeña fresa".

Ellos susurraban porque no quería que Sam se enojara. Durante toda la noche, hubo gran silencio.

Al siguiente día, al parecer todo había vuelto a la normalidad en la *Gran Parcela*. Aunque Sam ya había crecido un poco más, pues las fresas crecen más rápido que la gente. Y en caso de que tengan curiosidad, ser una fresa es muy divertido. Disfrutamos mucho del sol, y cuando hay mucho calor, nos ponemos bajo una hoja y nos refrescamos junto a nuestros amigos. En ese momento, la mayoría de fresas visita a otras. Somos muy platicadoras, y nos gusta conversar acerca del tiempo en el que estemos listas para marcharnos de la Gran Parcela.

Una fresa quizá dice: "Yo quiero formar parte de una tarta de fresa".

Es posible que otra exprese: "Espero formar parte de una copa de frutas con crema batida sobre nosotras".

Y los padres de Sam pensaban igual. Tenían la esperanza de que Sam se uniera a ellos para hacer la tarta de fresa perfecta. Incluso Sam creía que esa idea parecía genial.

"Yo podría ser la fresa de hasta arriba", expresaba él.

"Eso suena bien, Sam, pero tendrás que esperar hasta que estés por completo listo. No se pueden usar fresas verdes en una tarta. Hasta ese entonces, podremos irnos juntos". ¡A Sam le gustaba la idea!

Mientras transcurrían los días, Sam crecía más. A pesar de haber tenido un inicio difícil, hizo muchos amigos en la *Gran*

Parcela. Sam era amigable, y algunas veces, divertido. Él contaba muchos chistes de vegetales, y a las fresas les gustaban. Uno de los chistes favoritos de Sam era: "¿Cuándo están de mal humor los vegetales? Cuando están a punto de hervir en el agua". Ese chiste lograba que todos los residentes de la *Gran Parcela* se rieran. Los chistes de Sam hacían que todos se sintieran bendecidos por ser frutas, y no un simple y viejo vegetal.

Aunque Sam era bien aceptado y tenía buenos amigos, algunas veces se enojaba y perdía el control. Quizá las cosas marchaban bien, pero si ocurría algo que no le gustaba a Sam, ¡cuidado! Todos sabían cuando él no estaba feliz. Primero, su rostro se tornaba rojo... ¡muy rojo! Luego empezaba a gritar y a insultar a otras fresas. Él regañaba a todo aquel que se encontrara cerca. Sus padres le advertían una y otra vez que su temperamento lo metería en problemas.

Su madre le decía: "No es bueno decir cosas hirientes o enojarse. Nosotros no te enseñamos a perder el control, y tampoco lo aprendiste en la escuela de fresas".

Su padre le expresaba: "El rostro de nadie se torna de verde a rojo tan rápido como el tuyo. Se supone que debe ser poco a poco. De esa manera, una fresa se mantiene saludable".

Sam no les prestaba mucha atención, y sus ocasionales arranques de enojo continuaban. Hasta que un día ocurrió lo dicho.

Era un viernes por la mañana, y todas las fresas están despertando y saliendo de debajo de sus hojas de dormir.

Una fresa dijo: "Me gustan muchos los viernes. ¡Es el mejor día de toda la semana!".

Una voz gritó desde debajo de una hoja grande: "Silencio allá afuera. ¡Hoy dormiré hasta tarde!".

Una cuantas fresas más salieron. "¡Qué hermoso día!", expresó una gran fresa roja, estirando su pedúnculo; luego volteándose hacia el sol exclamó: "Creo que hoy pasaré un buen tiempo bajo este hermoso sol".

Debajo de una hoja, salió Sam con el rostro rojo y miró enfurecido al resto de fresas. Sus mejillas estaban rojas como si estuviera madura.

Él gritó: "Si escucho un sonido más, ¡me enojaré mucho! ¡Lo lamentarán! ¡Les esconderé sus hojas para dormir! ¡Nunca más les contaré otro chiste de vegetales! Haré que deseen jamás haberme hecho...".

De pronto, una mano gigante se acercó y arrancó a Sam de la planta. ¡Era un humano!

Mientras lo elevaban, una gran voz humana expresó: "Cielos, eres una fresa muy roja. Debes estar madura y lista para comer".

Por supuesto, cuando Sam lo escuchó, empezó a gritar tan fuerte como pudo: "No, espere. ¡Todavía no estoy madura! ¡Sólo perdí el control! Por favor, no me coma. Apenas soy una fresa verde. ¡No estoy listo para salir de la *Gran Parcela*! Se supone que debo estar junto a mis padres en una tarta de fresa".

Lamentablemente, los humanos no pueden escuchar a las fresas, sin importar qué estén diciendo. Entonces el humano le dio una gran mordida a Sam.

Y en lugar de expresar: "¡Qué deliciosa!", él escupió a Sam y exclamó: "¡Hummm! Esa fresa está **¡amarga!**". Luego lanzó lo que quedaba de Sam. Todas las fresas de la Gran Parcela agacharon el rostro con tristeza. Finalmente, el padre de Sam habló.

"Creo que todos nos damos cuenta de lo importante que es tener dominio propio en nuestras palabras y acciones".

Esa noche, cuando las madres fresa llevaron a dormir a sus hijos a sus tibias hojas, en voz baja cantaron: "Duérmete ya, pues crecerás y serás grande y dulce, y nada te atemorizará mi pequeña fresa". Y todos en la *Gran Parcela* tuvieron dulces sueños.

EL FIN (¡y también de Sam!)

Creado por Dana Johnson.

Notas:

LECCIÓN 12: ¡VÍSTANSE!

 BIENVENIDA Y ORACIÓN

 VERSÍCULO PARA MEMORIZAR

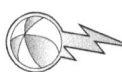 TIEMPO PARA JUGAR

 SUPLEMENTO 1: DRAMA

 OFRENDA

 ALABANZA Y ADORACIÓN

 BOSQUEJO DE LA LECCIÓN

 SUPLEMENTO 2: LECCIÓN PRÁCTICA

 ORACIÓN, ANUNCIOS, MATERIAL DE APOYO

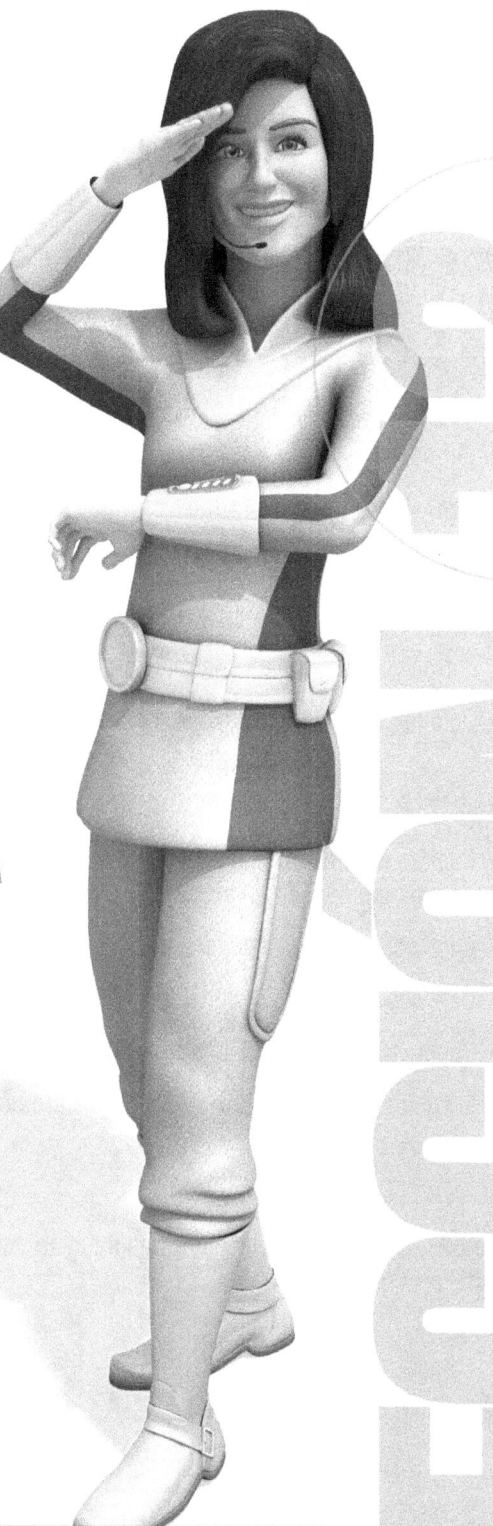

 **Versículo para memorizar:** «Vestíos, pues, como escogidos de Dios, santos y amados, de entrañable misericordia, de benignidad, de humildad, de mansedumbre, de paciencia». (Colosenses 3:12)

Serie: El fruto del Espíritu

Academia de Superniños • Vol. 2/12.ª semana • ¡Vístanse!

 **TIEMPO PARA JUGAR — SACANDO LA BASURA**

 **Tiempo necesario:** 10-15 minutos

 **Versículo para memorizar:** «Vestíos, pues, como escogidos de Dios, santos y amados, de entrañable misericordia, de benignidad, de humildad, de mansedumbre, de paciencia». (Colosenses 3:12)

Implementos: ■ 1 rollo de cinta adhesiva, ■ 1 bolsa de basura grande llena de bolas de papel arrugado ■ 1 cronómetro, ■ música alegre de fondo.

Antes del juego:

- Con la cinta adhesiva forme un cuadro grande sobre el piso.
- Fórmelo lo suficientemente grande para que puedan movilizarse bien, dentro de éste, cuatro o seis niños.
- Vacíe fuera del cuadro la bolsa de basura que contiene las bolas de papel.
- Forme dos equipos de cuatro o seis jugadores cada uno.
- Coloque al grupo "uno" dentro del cuadro, y al grupo "dos" fuera de éste.

Instrucciones del juego:

- Cuando el tiempo comience a correr, el equipo "dos" tomará las bolas de papel y las lanzará dentro del cuadro tan rápido como pueda, mientras que el equipo "uno" las sacará.
- A los equipos no se les permite cruzar las líneas ni tener contacto con el equipo contrincante durante el juego.
- Deje que el juego dure aproximadamente 30 segundos.
- Cuente las bolas de papel que se encuentren dentro del cuadro, luego deben cambiar de posición y repetir el juego.
- El equipo con menos bolas de papel dentro del cuadro, gana.

Aplicación:

Cadetes, asegúrense de mantener la basura fuera de sus vidas. ¡No permitan que nadie ensucie su "casa"! ¿Acaso no vive Dios ahí?

Notas:

Serie: El fruto del Espíritu

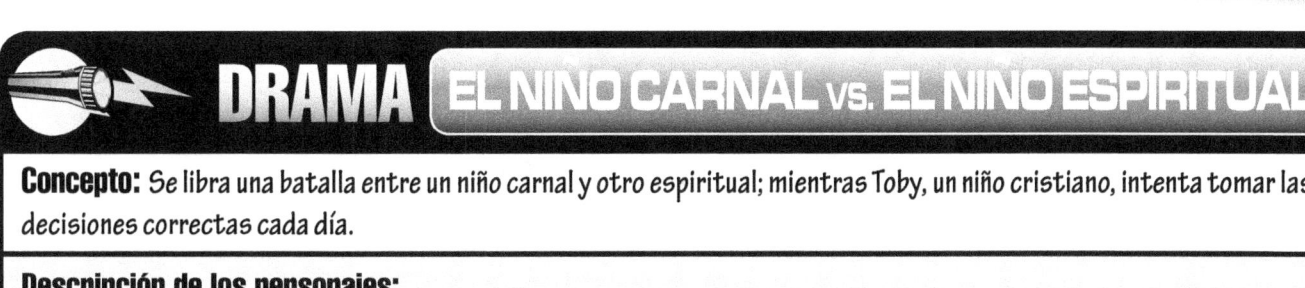

DRAMA: EL NIÑO CARNAL vs. EL NIÑO ESPIRITUAL

Concepto: Se libra una batalla entre un niño carnal y otro espiritual; mientras Toby, un niño cristiano, intenta tomar las decisiones correctas cada día.

Descripción de los personajes:
Toby: un niño cristiano
Niño carnal: orgulloso, hablador
Niño espiritual: actúa como Jesús, con voz de superhéroe
Mamá: con voz detrás del escenario

Disfraces:
Toby: pijama de pantalón y playera, cabello despeinado
Niño carnal: cabello despeinado, una playera sucia y arrugada que diga: niño carnal
Niño espiritual: cabello bien peinado, una playera bonita y limpia que diga: niño espiritual

Implementos: ■ 1 almohada y 1 sábana (para hacerle una cama a Toby), ■ Biblia, ■ CDs, ■ tazón de cereal, ■ libro de historietas, ■ artículos para una habitación, por ejemplo: ■ 1 lámpara, ■ 1 mesa de noche, ■ 1 silla, ■ 1 mochila para la escuela, ■ juguetes, ■ ropa en el piso, etc.

Notas:

(Todo inicia con Toby durmiendo en su cama; el niño carnal se encuentra cerca de él durmiendo y roncando; y el niño espiritual está leyendo la Biblia, y la mamá llama desde la otra habitación).

MAMÁ:
Toby, ¡es hora de levantarse!

(Toby hace un ruido y se coloca la almohada sobre la cabeza, y el niño carnal se queja).

NIÑO CARNAL:
Muy bien, Toby, no te muevas. Todavía estoy cansado.

NIÑO ESPIRITUAL:
Pero, Toby, recuerda que ¡el gozo del Señor es tu fuerza!
¿Qué te parece si pones música de alabanza y adoración para ponerte en marcha?

TOBY:
Ésa es una buena idea. Quiero volver a escuchar mi CD de los *Superkid*.

(Toby se levanta y empieza a buscar el disco).

NIÑO CARNAL:
Tenías que abrir tu gran boca, ¿verdad? Gracias a ti, ya no podré dormir 15 minutos más. Recordándolo bien, hiciste lo mismo ayer. Ya no te soporto, niño espiritual.

NIÑO ESPIRITUAL:
No te enojes, niño carnal. Te aseguro que si tan sólo me escucharas…

NIÑO CARNAL:
Si te escuchara, ¡nunca más volvería a dormir! (levanta los puños) Vamos, levántalos.

(El niño espiritual mueve su cabeza diciendo que no al niño carnal, luego se dirige a Toby y le señala varias cosas; Toby voltea a ver y encuentra el disco).

TOBY:
Aquí está. ¡Gracias, Señor!

NIÑO ESPIRITUAL:
(Sonríe y con sus dedos le hace una señal de visto bueno).
¡Buena manera de ser agradecido, Toby!

NIÑO CARNAL:
(Hace como si quisiera provocarse vómito él mismo, en señal de desaprobación).
Sí, sí. Gran hazaña. Encontró un disco. ¡Viva!
¿Podemos conseguir este año algo de comida? Tengo mucha hambre.

TOBY:
Cielos, tengo hambre. (Ahora, le grita a su mamá hacia la otra habitación).
Mamá, ¿qué hay para desayunar?

MAMÁ:
Avena con arándanos

NIÑO CARNAL:
(Hace gesto de disgusto). No me gusta la avena ni los arándanos. Es demasiado… saludable. Escucha, Toby, en tu mochila tienes frituras y caramelos. Cómetelos, y luego sólo dices que no tienes hambre. No estarías mintiendo.

(Toby empieza a buscar en su mochila).

TOBY:
Están algo quebradas, pero…
(Toby comienza a comer, y el niño carnal empieza a bailar alrededor del espiritual, mofándose)

NIÑO CARNAL:
ja, ja, ja, ja, ja, ja. ¡Perdedor!

NIÑO ESPIRITUAL:
Pero Toby, esa comida no es buena para ti. Debes cuidar bien tu cuerpo, después de todo es la casa del Espíritu Santo.

TOBY:
Quizá sea una buena idea comer algo de avena. Hoy tengo un partido importante, y quizá no sea muy sabio comer esto.

(Toby sale un momento, y regresa con un tazón de avena, luego se sienta en una silla).

NIÑO CARNAL:
¡Ya no más! Nadie me quita esa clase de comida, y además, se sale con la suya. ¡Nadie!

(Toby come un poco, y hace un pequeño gesto de desagrado).

NIÑO CARNAL:
¡Hummm! ¡¿Por qué me haces esto?!

NIÑO ESPIRITUAL:
Muy bien, Toby.

(El niño carnal intenta pegarle al niño espiritual, pero falla por completo; Toby sigue comiendo).

NIÑO ESPIRITUAL:
Toby, éste sería el momento ideal para leer tu Biblia, antes de irte a la escuela. Sin distracciones.

(El niño espiritual le da la Biblia a Toby).

NIÑO CARNAL:
¡Ahh! Muchas distracciones, ¡en seguida!

(El niño carnal le lleva un libro de historietas).

TOBY:
¡Cielos! Ya había olvidado este libro de historietas. Éste es asombroso.

(El niño carnal empuja al niño espiritual al piso, luego le pega en la cabeza —realícenlo sin pegarle de verdad al otro actor—).

NIÑO CARNAL:
Eso te enseñará a que no debes levantarme temprano ni hacerme comer avena. Yo tengo el control hoy, niño espiritual. Y si todo continúa como lo he planeado, tendré el control CADA día. Ja ja ja ja ja ja ja (hace una risa siniestra el niño carnal).

NIÑO ESPIRITUAL:
(Todavía en el piso, tocando su cabeza)
No lo creo, niño carnal. Toby escucha al Espíritu Santo.
¡Sólo es cuestión de tiempo para que se dé cuenta de tu plan!

TOBY:
(Deja a un lado el libro de historietas y se detiene por un momento, como si estuviera escuchando). Tienes razón, Espíritu Santo. Debo alimentar mi espíritu, en lugar de mi carne. Jesús, Tú tienes el primer lugar hoy. Y Tú prometiste que si eras el primero en mi vida, todo me saldría bien. Eso significa que ¡hoy será un gran día!

(Toby toma su Biblia y comienza a leer. Entonces el niño espiritual se levanta, mostrando sus músculos, y le ordena al niño carnal que se siente. El niño carnal se sienta, haciendo gestos).

NIÑO ESPIRITUAL:
Muy bien, niño carnal. Ni una palabra más.

(Los personajes se quedan inmóviles. Se apagan las luces. Fin del drama).

Academia de Superniños • Vol. 2/12.ª semana • ¡Vístanse!

OFRENDA: HAGAN LO CORRECTO

Tiempo necesario: 10 minutos

Versículo para recibir la ofrenda: *"Dios le habló a Caín: '¿Por qué te enojas? ¿Por qué el enfado? Si hicieras lo correcto, ¿acaso no serías aceptado?'"*. (Génesis 4:6-7, *MSG*)

Implementos: ☐ Una canasta de frutas (pueden ser reales o artificiales), ☐ 1 cordero de juguete ☐ una rama pequeña o vara, ☐ una barba artificial y una túnica blanca.

Antes de la ofrenda:

- Escoja tres voluntarios.
- Esparsa las frutas sobre el escenario o sobre el área de presentación.
- Un voluntario (Caín) tendrá la canasta; el siguiente voluntario (Abel) sostendrá el cordero de juguete y la rama o vara; y el tercer voluntario hará el rol de Dios, usando la barba y la túnica blanca.

Instrucciones para recibir la ofrenda:

- Había dos hermanos, uno llamado Caín y el otro Abel; cada uno tenía un trabajo especial. Caín trabajaba en el campo, sembrando frutas, vegetales y trigo.
- (Indíquele a "Caín" que levante las frutas y las coloque dentro de la canasta).
- Abel cuidaba de las ovejas.
- (Indíquele a "Abel" que acaricie a su oveja, le hable; diviértanse con esta escena).
- Ambos decidieron llevarle una ofrenda a Dios. Caín le llevó frutas y vegetales, mientras que Abel le llevó el primogénito de sus ovejas.
- (Caín y Abel presentan sus ofrendas a "Dios").
- El Señor miró con agrado la ofrenda de Abel, pero no la de Caín.
- Caín se enojó **mucho**.
- ("Caín" cambia su semblante).
- Pero Dios le dijo a Caín: "¿Por qué te enojas? ¿Por qué el enfado? Si hicieras lo correcto, ¿acaso no serías aceptado?".

Pregunte **¿Por qué no aceptó el Señor la ofrenda de Caín?**

- (Permita que los superniños compartan y discutan sus ideas).
- Cuando le presentamos nuestra ofrenda a Dios, Él ve nuestro corazón, la actitud que tenemos cuando ofrendamos, y eso es lo más importante. Es obvio saber que el problema de Caín era su actitud, debido a su reacción cuando Dios no aceptó su ofrenda. Incluso se quedó enojado cuando Dios le dio otra oportunidad para que presentara su ofrenda de la forma correcta.
- Entonces superniños, cuando traigan hoy su ofrenda al Señor, asegúrense de que sea la misma actitud de Abel, quien presentó su ofrenda con un corazón correcto.

Serie: El fruto del Espíritu

¡Vístanse! • Vol. 2/12.ª semana • Academia de Superniños

BOSQUEJO DE LA LECCIÓN ¡VÍSTANSE!

Versículo para memorizar: *«Vestíos, pues, como escogidos de Dios, santos y amados, de entrañable misericordia, de benignidad, de humildad, de mansedumbre, de paciencia».*

(Colosenses 3:12)

I. NUNCA SE OLVIDEN DE QUIÉNES SON   2 Pedro 1:3-9

a. En su interior se encuentra TODO lo de Dios, no sólo un poco, sino que ¡el 100% de Dios se encuentra en ustedes!
b. Para ser conforme al Señor, se requiere tomar una decisión de calidad para utilizar Su vestidura (El fruto del Espíritu).
c. Los cristianos que no viven conforme al Espíritu, olvidan que han sido transformados   2 Pedro 1:9

II. EL NIÑO CARNAL Vs. EL NIÑO ESPIRITUAL, UNA BATALLA DE SUPERHÉROE

a. Su vieja naturaleza (el niño carnal) desea tener el control. La mayoría cree que él es más fuerte y que no pueden vencerlo.
b. Quítense la ropa del viejo y sucio niño carnal, y arrójenla a la basura   Romanos 13:12-14
c. No desperdicien el tiempo pensando cómo pueden alimentar al ser carnal. Al contrario, ¡háganlo pasar hambre!
d. Ejerciten al niño espiritual y se convertirá en el superhéroe campeón.

III. VERSTIRNOS ES ALGO QUE TODOS DEBEMOS APRENDER Y PONER EN PRÁCTICA

a. Los niños pequeños deben aprender a vestirse. ¡Algunas veces olvidan cómo hacerlo!
b. Si falta algo del fruto del espíritu es como si sólo tuviera una parte de la ropa.
c. La personas necesitan ver el fruto en su vida, no su carne   Colosenses 3:17
d. Si permanecen en Él, ¡darán abundancia de fruto!   Juan 15:7-8

Una palabra de la Comandante Kellie: Recuérdeles a sus superniños cómo era cuando estaban aprendiendo a vestirse. Al principio, quizá salían sin sentir la necesidad de vestirse por completo y ni siquiera les importaba. Debían enseñarles y recordárselos (una y otra vez); y con la práctica, ya empezaron a verse mejor en el exterior. Ésta es una buena ilustración de cómo muchos cristianos viven hoy en día: desvestidos de su ropa espiritual (el fruto). Pablo lo describió como "vístanse", pues deben escoger ponerse en el exterior lo que se encuentra en el interior. Estoy segura de que todos sus superniños están por completo vestidos y que ninguno olvidó vestirse. La naturaleza de Dios, nuestro traje de "Superhéroe", funciona de la misma manera. Entre más practiquemos a diario, esto se volverá más fácil, natural y parte de nosotros.

Notas: _____

_____

_____

_____

Serie: El fruto del Espíritu

Academia de Superniños • Vol. 2/12.ª semana • ¡Vístanse!

LECCIÓN PRÁCTICA: LA VESTIDURA CORRECTA

Tiempo necesario: 10 minutos

Versículo clave: "Levántense de la cama y ¡vístanse! No pierdan el tiempo ni se entretengan, esperando hasta el último minuto. Vístanse en Cristo, y levántense y comiencen".

(Romanos 13:14, *MSG*)

Implementos: ☐ Un disfraz divertido y ridículo. Ejemplo: peluca, playera, corbata llamativa, anteojos, pantalones grandes y flojos; botas de hule, etc.); ☐ coloque el disfraz dentro de una bolsa grande de compras.

Instrucciones para la lección:

- Hoy les he preparado algo divertido, pero necesito la ayuda de un niño o una niña. ¿Hay algún voluntario? (Asegúrese que sea una persona condescendiente, pues se vestirá ante los demás). Muy bien, ahora que ya tengo a mi formidable ayudante, podemos comenzar. Por cierto, ¿alguna vez has pensado en ser modelo?

- Un día estaba realizando uno de mis pasatiempos favoritos: comprar; y encontré unas fabulosas ofertas. Y creí que sería divertido que mi voluntario pudiera modelar las maravillosas cosas que compré. Veamos, ¿por dónde comenzamos? (Comience a sacar sus implementos uno por uno, y pídale al ayudante que se los ponga. Tómese el tiempo necesario y enfatice lo bien que luce su modelo). Saben, creo que mi modelo se ve muy bien.

Pregunte ¿Qué opinan, cadetes?

- ¿No les gusta su atuendo? Entonces ¿piensan que no hice un buen trabajo vistiéndolo así? Bien, esto en realidad me recuerda una cita bíblica, Romanos 13:14, *MSG*: "Levántense de la cama y ¡vístanse!... Vístanse en Cristo, levántense y comiencen".

Pregunte ¿Sabían ustedes que existen niños que permiten que otra persona los vista a diario?

- Su ser espiritual, quien verdaderamente son ustedes en el interior, se viste todos los días. Ahora bien, si no lo visten ustedes mismos, el diablo lo hará. El enemigo intentará depositar una mala actitud en su corazón, o quizá los inste para que sean desobedientes. Quizá también intente que su ser espiritual tenga un mal temperamento o diga una mentira. Leamos de nuevo este pasaje bíblico: "...vístanse en Cristo".

- Debemos <u>vestirnos nosotros mismos</u>, y también se nos indica qué debemos usar; y no un ridículo disfraz como éste. Debemos vestirnos de Jesús, y ése es un atuendo del cual podemos sentirnos orgullosos.

Notas:

Serie: El fruto del Espíritu

LECCIÓN 13: SANTA CENA

 **BIENVENIDA Y ORACIÓN**

 **VERSÍCULO PARA MEMORIZAR**

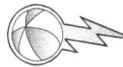 **TIEMPO PARA JUGAR**

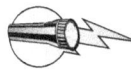 **SUPLEMENTO 1: LECCIÓN PRÁCTICA**

 **OFRENDA**

 **ALABANZA Y ADORACIÓN**

 **BOSQUEJO DE LA LECCIÓN**

 **SUPLEMENTO 2: TIEMPO DE LECTURA**

 **ORACIÓN, ANUNCIOS, MATERIAL DE APOYO**

 **Versículo para memorizar:** «...esto es mi cuerpo que por vosotros es partido; haced esto en memoria de mí».

(1 Corintios 11:24)

Serie: El fruto del Espíritu

Academia de Superniños • Vol. 2/13.ª semana • Santa Cena

TIEMPO PARA JUGAR: CADENA DEL *HULA HOOP*

Tiempo necesario 5-8 minutos

Versículo para memorizar: «...esto es mi cuerpo que por vosotros es partido; haced esto en memoria de mí». (1 Corintios 11:24)

Implementos: ☐ 2 *hula hoops*, ☐ premios pequeños, ☐ música alegre de fondo.

Instrucciones del juego:

- Forme dos equipos con cuatro o cinco jugadores cada uno.
- Con cada grupo forme una línea horizontal, lado a lado de sus compañeros de equipo.
- Los participantes deben tomarse de las manos.
- En ningún momento pueden soltar las manos de su compañero, de lo contrario quedarán descalificados.
- Déle un *hula hoop* a cada participante que inicia la línea, a fin de que cada equipo tenga un *hula hoop*.
- Cuando el juego inicie, cada jugador que tenga el *hula hoop* debe atravesarlo y pasárselo a su compañero, sin soltarse las manos.
- Debe pasarlo de esa manera por toda la línea.
- El último jugador de la línea, después de haber pasado a través del *hula hoop* por completo, debe sostenerlo con la mano que le queda libre.
- Una vez que el *hula hoop* llegue al final de la línea, deberá regresar hacia el otro lado, siguiendo el mismo proceso.
- El primer equipo que envíe el *hula hoop*, tanto de ida como de vuelta, gana.
- Los jugadores deberán trabajar en equipo para evitar que el *hula hoop* se quede atorado en la línea.

Aplicación:

Este juego es excelente para entablar amistades y aprender a trabajar en equipo. Jesús ama la amistad, de hecho, una de las últimas cosas que hizo, antes de morir en la Cruz, fue cenar con Sus amigos más cercanos.

Notas: _____

_____

_____

_____

_____

Serie: El fruto del Espíritu

Santa Cena • Vol. 2/13.ª semana • *Academia de Superniños*

LECCIÓN PRÁCTICA — PAN Y SANGRE

Tiempo necesario: 10 minutos

Versículo clave: «Y mientras comían, Jesús tomó pan y bendijo, y lo partió y les dio, diciendo: Tomad, esto es mi cuerpo».

(Marcos 14:22)

Consejo para el maestro: Por seguridad, si usted decide permitirles probar o tocar los alimentos, es importante que les pregunte a los niños o a los padres si son alérgicos a algún alimento.

Implementos: ☐ 1 copa (o vaso) de jugo de uva, ☐ una hogaza de pan francés, ☐ 1 globo con agua, ☐ 1 recipiente pequeño de colorante rojo para comida, ☐ 1 cuchillo de sierra (uno de untar funciona si corta el pan y el globo), ☐ 1 plato transparente.

Antes de la actividad:

Corte un pedazo de pan en el centro, por la parte de abajo, y quítelo. (Evite abrirle un agujero en la parte superior del pan). Mientras comparte la lección con los cadetes, coloque unas cuantas gotas de colorante y agua dentro del globo, y colóquelo dentro del pan. Al momento de compartir la lección, corte el pan en la parte donde se encuentra el globo, esto le servirá para ilustrar cómo se derramó la sangre del cuerpo de Jesús mientras estaba colgado de la Cruz.

Instrucciones de la lección:

- Hoy, niños y niñas, aprenderemos algo muy importante. De hecho, fue una de las últimas cosas que hizo Jesús antes de que fuera crucificado. Él compartió una cena muy especial con Sus discípulos. Ésta era la última vez en que estarían todos a la mesa, comiendo juntos, antes de que Él muriera.

- Ahora bien, no sé qué más comieron esa noche, pero sí sé cuáles fueron los dos principales alimentos: Tenían vino para beber *(sostenga la copa con jugo)* y también pan *(muéstreles el pan)*. Éstos eran muy importantes para la cena, pues tenían un significado muy especial.

- Jesús les explicó que el vino representaba Su sangre, la cual brotaría por medio de Sus heridas cuando lo colgaran en la Cruz; sin embargo, el pan tiene un significado especial. En Marcos 14:22, leemos: «Y mientras comían, Jesús tomó pan y bendijo, y lo partió y les dio, diciendo: Tomad, esto es mi cuerpo».

- Permítanme darles una pequeña ilustración: Todos estaban sentados a la mesa, y Jesús tomó el pan *(tome el pan y el cuchillo)*. Ahora bien, en esos días, ellos partían el pan en grandes pedazos. Mientras Jesús partía el pan, Él les explicó que así como partían el pan, así partirían Su cuerpo: lo cortarían, y éste sangraría, dejándolo cortado y herido. *(Corte el pan, y cuando corte el globo, el agua fluirá)*. Jesús quería mostrarles una imagen que quedara grabada en la mente de ellos, Él deseaba que nunca olvidaran la tortura que Él sufriría por ellos. ¿Por qué? Porque era necesario que supieran que el Señor estaba dispuesto a soportar el dolor, a fin de que sus cuerpos pudieran estar sanos.

- Ahora bien, niños, quiero explicarles que del pan que Jesús partió no salió sangre. Pero así como Jesús deseaba que Sus discípulos recordaran siempre lo que Su cuerpo sufriría, Él también desea que ustedes lo recuerden. Niños y niñas, jamás olviden lo que Jesús soportó, a fin de que ustedes y yo pudiéramos vivir sin enfermedad. Cielos, ¡Jesús eres sorprendente! *(Guíe a los niños para que le agradezcan a Jesús por lo que Él realizó por nosotros, pídales que repitan después de usted)*.

- *Jesús, gracias por permitir que Tu cuerpo fuera herido para que yo gozara de salud. Gracias por derramar Tu sangre para que mi corazón fuera limpiado. Siempre recordaré darte gracias.*

Serie: El fruto del Espíritu

Academia de Superniños • Vol. 2/13.ª semana • Santa Cena

OFRENDA: DENLE VALOR A SUS PALABRAS

Tiempo necesario: 10 minutos

Versículo para recibir la ofrenda: "Lo que hay en su corazón le da significado a sus palabras, no un diccionario... las palabras son poderosas, tómenlas con seriedad". (Mateo 12:34, 36, MSG)

Implementos: ■ 5 recipientes diferentes: 4 con algún líquido o alimento y 1 vacío (Ej: 1 botella de jugo, una caja de cereal, un vaso limpio y vacío, etc.).

Antes de la ofrenda:

Coloque al frente, sobre una mesa, sus cinco recipientes.

Instrucciones para recibir la ofrenda:

- ¡Hola, cadetes!
- En esta mesa hay cinco cosas diferentes.

Pregunte ¿Pueden decirme qué tienen en común?

- (Déles tiempo a los superniños para que compartan sus ideas).
- Todos son recipientes y tienen diferentes cosas.
- En la Biblia se nos enseña acerca de otro recipiente. En Mateo 12:34, leemos: "Lo que hay en su corazón le da significado a sus palabras, no un diccionario... las palabras son poderosas, tómenlas con seriedad".

Pregunte ¿A cuál recipiente se refiere este versículo?

- ¡Sí! ¡Nuestras palabras! Curioso, ¿cierto? Pero si lo piensan, sí tiene sentido.
- Nuestras palabras son recipientes y pueden guardar todo tipo de cosas: amor, odio, miedo, fe, o a veces pueden ser vacías y sin sentido. Recuerden que en el versículo que acabamos de leer, se nos enseña que las palabras son poderosas y que debemos tomarlas en serio.
- Entonces hoy, antes de traerle nuestras ofrendas al Señor, usemos esos poderosos recipientes, llamados: palabras y oremos hoy juntos.
- Cadetes, repitan después de mí: *Padre Dios, te traigo mi ofrenda con palabras de fe. Creo que Tu Palabra es verdad y que cuando yo doy, Tú me bendices. Deseo que sepas que te traigo esta ofrenda porque te amo y te agradezco todo lo que has hecho por mí. Gracias por ser un Padre tan maravilloso. Espíritu Santo, ayúdame a usar mis palabras de la manera correcta. En el nombre de Jesús, amén.*

Notas: _____

Serie: El fruto del Espíritu

Santa Cena • Vol. 2/13.ª semana • Academia de Superniños

BOSQUEJO DE LA LECCIÓN — SANTA CENA

Versículo para memorizar: «...esto es mi cuerpo que por vosotros es partido; haced esto en memoria de mí».

(1 Corintios 11:24)

I. JESÚS TUVO LA RESERVACIÓN PARA CENAR MÁS INUSUAL Marcos 14:12-25
   a. Él les dijo a Sus discípulos que siguieran a un hombre que llevaba agua.
   b. ¡Unas personas ajenas les dieron lo que necesitaban!
   c. ¡Les habían preparado un lugar especial para ellos!

II. LOS DISCÍPULOS RECIBEN INSTRUCCIONES INUSUALES
   a. Mientras estaban comiendo, Jesús levantó el pan y el vino.
   b. Él les dijo que el pan y el vino representaban Su cuerpo y Su sangre.
   c. Los discípulos no entendieron que Jesús moriría por ellos.

III. JESÚS LO PAGÓ TODO 1 Corintios 11:24; Mateo 26:28
   a. El cuerpo de Jesús fue herido para que el nuestro pudiera estar sano.
   b. La sangre de Jesús fue derramada para que nuestro espíritu pudiera ¡ser libre del pecado!
   c. Es necesario que recordemos lo que nuestro Señor hizo por nosotros 1 Corintios 11:25

Una palabra del comandante Dana: Esta lección es una enseñanza básica acerca de la Santa Cena. Redacté este bosquejo como una introducción a lo que Jesús pagó, y también en relación a nuestra obligación de recordarlo por siempre. Soy consciente de que hay mucho más que se puede enseñar y decir al respecto. Siéntase libre de ampliar más la información, de acuerdo con el nivel en que se encuentre su grupo. Yo enfatizaría en lo siguiente: Jesús nos compró el tesoro más valioso. Al recordar lo que Él hizo, lo honramos y nuestra fe en Su pago aumenta por medio de nuestra obediencia. Asegúrese de crear un ambiente de honra y respeto cuando tome la Santa Cena con los niños, pero tampoco permita que esto se convierta en un rito religioso. Durante esta experiencia memorable junto a los niños, ¡enfóquese por completo en el sacrificio que Jesús hizo por nosotros!

Pensamiento final: Tomamos la Santa Cena ¡en memoria de lo que Jesús hizo por nosotros!

Notas:

Serie: El fruto del Espíritu

Academia de Superniños • Vol. 2/13.ª semana • Santa Cena

TIEMPO DE LECTURA — LA MEJOR NOTA ADHESIVA

Consejo para el maestro: Se le dan opciones para desarrollar la presentación de la historia.

Consejo para involucrar a los adolescentes: Repasar el guion antes de iniciar la clase e involucrar a los adolescentes como auxiliares es una gran forma de mantener a los niños involucrados y atentos.

Consejos para el dibujante: Corte el papel según el tamaño del pizarrón y péguelo. Realice un boceto a lápiz del dibujo antes de realizar la presentación durante la lección. Pues quizá no haya tiempo para completarlo y colorearlo en la escena. Difumine las líneas con borrador, a fin de que sean visibles para el dibujante, no para el público. Lea antes el guion para determinar el tiempo necesario para terminar la ilustración en el escenario. Cuando inicie la historia, use marcador negro para resaltar el dibujo, siguiendo las líneas guía. Después coloréelo usando tizas de color pastel. Luego, difumine los colores con un pedazo de tela. Finalmente, quite el papel del pizarrón, enróllelo, amárrelo con bandas elásticas, y luego regáleselo a un niño.

Implementos para el dibujo: ☐ Caballete (para colocar el duroport), ☐ 1 pieza grande de duroport (Se recomienda una de 30" x 48", la cual puede comprar en una tienda de arte), ☐ 1 rollo de papel blanco tamaño pancarta (cómprelo en una tienda de arte o en una tienda de implementos para maestros) ☐ Marcadores negros (para el dibujo inicial y delineado), ☐ tizas color pastel (de una tienda de arte), ☐ trapos (para mezclar la tiza), ☐ tijeras (para cortar el papel), ☐ cinta adhesiva (para pegar el papel al duroport), ☐ bandas elásticas (para enrollar el dibujo que se regalará), ☐ mesa pequeña (para colocar los implementos durante la clase), ☐ lápiz y borrador (los de grafito son mejores), ☐ bata de artista (para que el artista se mantenga limpio).

Antes de la lectura:

De las siguientes opciones de presentación, escoja cuál es la mejor para su equipo:

1. Tiempo de lectura:

Seleccione su elenco con antelación (pueden ser miembros del equipo o superniños que sepan leer bien, que sean dramáticos y expresivos) para que lean las líneas de los personajes de la obra. La cantidad de personas que seleccione dependerá de cuántos personajes tengan líneas en la historia o de cuántas personas tenga a su disposición. Si no cuenta con muchas, puede utilizar una persona para que lea dos personajes. Sólo asegúrese que las voces sean distintas. Saque copias del guion y resalte las líneas de cada uno. Le sugerimos que antes realicen un ensayo de lectura, a fin de asegurarse de que ésta fluya. Para añadirle diversión, usen disfraces. Al principio de la historia, presenten a su elenco.

Lista de personajes/disfraces:

Geno	Playera deportiva y gorra
Hermana	Cabello despeinado

2. Una historia ilustrada:

Si hay algún dibujante en su equipo, será de gran ayuda para su presentación. Mientras se lee la historia, el dibujante puede realizar un dibujo en relación al tema, el cual se regalará como premio al finalizar. Utilice este premio como incentivo para los superniños, a fin de que permanezcan callados y presten atención. Al inicio, deberá comprar algunos implementos, pero no permita que esto le impida utilizar esta opción. Una vez que los compre, podrá usarlos de nuevo porque son duraderos y reutilizables.

Notas: _____

Serie: El fruto del Espíritu

Desde que Geno tiene memoria, su madre siempre le ha dejado notas. Pero no las comunes y corrientes, sino las **adhesivas**. Todos los rincones de la casa de Geno, en un momento dado, tenían una nota adhesiva. De hecho, cada mañana al despertar, lo primero que él veía, era una nota adhesiva. Geno dormía en la cama de abajo de una litera, la cual era sólo para él; y su madre siempre le dejaba una nota pegada en la cama de arriba, a fin de que pudiera verla cuando abriera los ojos. Y esta mañana no era la excepción.

Él miró hacia arriba. Y por supuesto, ahí estaba la nota, esperando por él.

«Recuerda sacar tu almuerzo del refrigerador».

Geno se sentó, se desperezó y se dirigió a su guardarropa para sacar unos pantalones.

«Recuerda guardar tus pijamas».

Obedeciendo la segunda nota del día, Geno abrió la gaveta de su guardarropa y guardó sus pijamas. Luego se dirigió al baño, y miró hacia el espejo.

«No olvides cepillarte los dientes y colocarle la tapadera a la pasta».

Geno le quitó la tapadera a la pasta de dientes, luego manchó la nota con pasta dental.

Y se dijo a sí mismo, mientras sonreía al espejo: «Ahora sí es una nota adhesiva».

Cepillarse los dientes no era la actividad favorita de Geno, así que se cepillaba tan rápido como podía. Por supuesto, sólo si su madre no lo estaba viendo. A él le gustaba imaginarse que el cepillo era un carro de carreras que pasaba por sus dientes, como un rayo.

«En sus marcas, listos, ¡FUERA!».

En 15 segundos, Geno ya había deslizado el cepillo sobre sus dientes y ya había escupido en el lavamanos. Luego expresaba: «Y tenemos ¡un ganador!».

Él abrió la manija para limpiar con el agua los residuos de pasta, y vio un pequeño y brillante pedazo de papel atorado bajo una burbuja. Él presionó con dos de sus dedos para reventarla, pero no se rompió.

«Tratando de retarme, ¿cierto? Pues ahora mismo, te desaparezco».

Esta vez, intentó algo diferente. Geno abrió por completo la manija del agua. Ésta se esparció por todos lados, mojando su camisa y el espejo, y salpicando agua como si fueran las cataratas del Niágara.

Aún seguía pegado.

Entonces él exclamó: «¡Esto es ridículo!».

Ahora, ese pequeño papel lo estaba comenzando a molestar. Geno lo miró fijamente, como si fuera un vaquero del viejo oeste, listo para enfrentar un duelo. Pero en ese momento, el papel ya no tenía pasta de dientes sobre él, entonces Geno podía ver qué era. Y por supuesto, era otra nota adhesiva.

«De seguro cayó del espejo. Lo raro es que ni siquiera está mojada y la tinta no se corrió».

Geno raspó la nota con su uña, pero ésta rechinó. Era brillante y resbaladiza, como el plástico. Él se rascó la cabeza y frunció su nariz, intentando descubrir cuál era esa nueva clase de nota y por qué no se despegaba del lavamanos. Dos minutos antes, Geno se sentía como un vaquero, pero de pronto se había transformado en un detective, tratando de resolver el misterio.

Entonces se dijo a sí mismo: «Piensa, Geno, piensa. ¿Qué cosa lisa y brillante puede mantener las cosas secas y quedarse pegada?».

—¿Ya casi terminaste? Necesito arreglar mi cabello. Me voy en diez minutos —le preguntó su hermana, mientras tocaba la puerta.

—Ssshh. ¡Estoy intentando pensar! —le respondió Geno.

—¿Pensar en qué?

—¡Un momento! ¡Ya casi lo soluciono!

—Eres tan extraño —le respondió su hermana, mientras regresaba a su habitación.

«¡Ya sé! ¡Es cinta adhesiva! Mamá cubrió la nota con cinta adhesiva transparente para que no se mojara y quedara pegada al lavadero. ¡El detective Geno solucionó el caso!».

Él comenzó a hacer reverencia y saludaba a una audiencia imaginaria.

«Gracias, muchas gracias. Estaré aquí toda la semana».

«¡Más te vale no quedarte toda la semana! Apresúrate, ¡debo arregalar mi cabello!».

Geno estaba tan impresionado por su habilidad de resolver casos que no escuchó cuando su hermana había regresado. ¡Cielos!

«Tranquila. Saldré en un segundo».

Él tomó una toalla para manos para limpiar el espejo, y se recordó de algo. Se había sumergido tanto en resolver el gran misterio de la nota pegada al lavamanos que no la había leído.

«Mmmm, veamos por qué mamá me dejaría una nota en el lavamanos».

Se inclinó y leyó: «Eso no duró DOS minutos. Cepíllate durante más tiempo».

—Geno, hablo en serio. ¡Apresúrate! No puedo irme a la escuela así.

En ese momento, su hermana ya estaba golpeando la puerta. Él abrió para que entrara, ella lo empujó dirigiéndose hacia el espejo, y sus sandalias resbalaron en el piso mojado. Y dio contra el retrete.

—¿Qué estabas haciendo aquí? ¡Hay agua por todas partes! —gritó ella.

—Cepillándome los dientes —respondió Geno.

—¿Usando qué? ¿Una manguera de bombero? No importa, sólo muévete. Ahora sólo me quedan dos minutos para hacer un milagro con mi cabello.

—Yo siempre me lo arreglo en dos minutos. Podrás lograrlo —le aseguró Geno.

Ella le refunfuñó, y furiosa comenzó a aplicarse el fijador de cabello.

Geno tomó su cepillo para empezar la segunda ronda.

—¡Qué asco! Esto sabe a fijador.

—Creí que ya te habías cepillado los dientes —le replicó ella.

—Lo hice. Pero luego encontré otra nota.

—Aaaa. Ya no digas más —le respondió con amabilidad.

De pronto, su hermana ya no estaba enojada, sino que muy comprensiva. Ella conocía muy bien el poder que ejercían esas notas. Una cosa era cierta, aunque ellos estaban en desacuerdo en todo, sí coincidían en que su madre era fanática de las notas adhesivas. Aunque sea por un momento, una risa en secreto los unió más.

Geno terminó de cepillarse justo al mismo tiempo que su hermana en arreglarse el cabello.

Ambos, al unísono, expresaron: «¡Listo!».

Geno y su hermana se reían por haber terminado a tiempo, mientras se dirigían hacia la puerta para ir a la escuela.

—¡Recuerda tener un buen día! —le gritó su hermana cuando se subía al autobús.

—Lo intentaré, pero en realidad quisiera tener una nota que me lo recordara —le contestó.

Ella sonrió y saltó a las gradas del autobús, despidiéndose. Él también se despidió y se sentó en la banca para esperar el suyo. Geno estaba muy contento porque era viernes. Le gustaba ir a la escuela, pero le gustaba mucho más asisitr a la iglesia. Era lo mejor de la semana. Él pensaba: «Sólo quedan dos días más».

Geno terminó su día en la escuela, pero no sin encontrar seis notas más. Por lo regular, los viernes encontraba siete u ocho, pero al parecer su madre estuvo ocupada. Y esto era perfecto para Geno, pues una nota significaba una tarea más. Llegó el sábado y continuó con su conteo normal de 14 notas. Él había creado su propio juego para contar cuántas notas le dejaba su madre cada día. Quizá por esa razón era muy bueno en las matemáticas. Finalmente, llegó la hora de dormir y... de cepillarse los dientes. Pero esta vez ya sabía qué era y qué decía ese papelito en el lavadero. Ahora, sin hacer trampa, él soportó la tortura de cepillarse por dos minutos. Pero las buenas noticias eran que mañana sería su día favorito de la semana.

Era el domingo de Santa Cena, y cuando Geno vio su Biblia, había una nota al frente que decía: «¡No me olvides!».

«Cielos —pensó él—. Al parecer ni siquiera en la iglesia puedo escaparme de estas notas».

Mientras el pastor predicaba, Geno abrió su Biblia para buscar el relato de la última cena. «Estoy seguro que el pastor mencionó Lucas 22», se dijo a sí mismo, mientras buscaba tan rápido como podía.

A Geno le gustaba ver cuán rápido podía encontrar un versículo, incluso cuando nadie lo estaba apresurando. Cuando llegó al lugar donde se suponía que debía estar el capítulo 22, no lo encontró. Su Biblia saltaba de Lucas 21 a Lucas 23.

«Esto es extraño —pensó Geno—. Mi Biblia debe estar defectuosa».

Geno observó más de cerca. Algo no estaba bien, y con su uña levantó el borde de la página. Dos páginas estaban pegadas. Después de un momento, éstas se separaron y mostraron Lucas 22.

«¡Te atrapé!», expresó Geno en voz alta, sin recordar dónde se encontraba.

Una mujer que estaba sentada al frente, volteó a ver y lo miró como cualquier adulto.

«No me refería a usted, sino a Lucas», le explicó Geno, sintiéndose avergonzado.

La dama siguió mirándolo con una expresión muy seria.

«Estaban pegadas», le susurró.

Ella se le quedó viendo por un momento más, luego se volteó. Cuando Geno vio su Biblia, se dio cuenta por qué Lucas 22 estaba pegado. Una nota adhesiva de su madre las había pegado. Ella le escribió: «Hijo, jamás olvides lo que Jesús hizo. Él entregó Su cuerpo y derramó Su sangre por nosotros. Lee y recuerda».

Geno leyó el relato de Lucas 22. Luego cerró su Biblia mientras el pastor oraba para terminar. Entonces Geno decidió que Lucas 22 había sido la mejor nota adhesiva que había leído en su vida.

Notas:

www.ingramcontent.com/pod-product-compliance
Lightning Source LLC
Chambersburg PA
CBHW080747300426
44114CB00019B/2668